Zwischen Achtsamkeit und Pragmatismus

Christine Lehner

Sabine Weihe

# Zwischen Achtsamkeit und Pragmatismus

Souverän agieren in herausfordernden Situationen

 Springer

Christine Lehner
Ammerthaler Institut, Ammerthal
Deutschland

Sabine Weihe
Ammerthaler Institut, Ammerthal
Deutschland

ISBN 978-3-662-58914-4     ISBN 978-3-662-58915-1    (eBook)
https://doi.org/10.1007/978-3-662-58915-1

Die Deutsche Nationalbibliothek verzeichnet diese Publikation in der Deutschen Nationalbibliografie;
detaillierte bibliografische Daten sind im Internet über http://dnb.d-nb.de abrufbar.



Springer ist ein Imprint der eingetragenen Gesellschaft Springer-Verlag GmbH, DE und ist ein Teil von
Springer Nature.
Die Anschrift der Gesellschaft ist: Heidelberger Platz 3, 14197 Berlin, Germany

# Geleitwort

Dieses Buch zu lesen hat mir wirklich viel Spaß gemacht. Aber nicht nur das. Obwohl ich die Konzepte, welche die Autorinnen hier so eindrücklich und wunderbar klar darlegen, gut kenne, hat sich mein Erleben schon bei der Lektüre in einer Energie mobilisierenden, Kraft und Flexibilität stärkenden Weise verändert. Es hat ganz offensichtlich vorher in mir noch eher „schlummernde" Potenziale wieder in wohltuender Weise angeregt und wirksam lebendig gemacht. So konnte ich mal wieder selbst hautnah erleben, um was es in dem Buch hier geht.

Aufbauend auf den Erkenntnissen der modernen Forschung zum autobiographischen Gedächtnis ist eine zentrale Hypothese des hypnosystemischen Konzeptes, welches ich vertrete und welches wir in unserer sysTelios-Klinik systematisch anwenden z. B., dass wir Menschen in unserem „unbewussten Erlebnis-Repertoire" (so nenne ich gerne den riesigen Erfahrungs- und Gedächtnisspeicher, über den wir verfügen), über enorm viele hilfreiche Fähigkeiten verfügen, die uns auch noch in extrem schwierigen Situationen helfen können, diese zu bewältigen. Auch die Autorinnen orientieren sich an solchen Grundannahmen. Der größte Teil dieser Kompetenzen ist uns aber häufig nicht bewusst und auch nicht- quasi auf Knopfdruck- sofort immer verlässlich zugänglich.

Nach den Erkenntnissen der Hirnforschung hat das u. a. auch damit zu tun, dass jedes Erleben Ausdruck von komplexen Netzwerken ist, die zum größten Teil unwillkürlich auf unbewusster Ebene gestaltet werden. Diese Netzwerke werden gebildet aus Elementen des Erlebens wie z. B. Emotionen, Kognitionen, Empfindungen, Körperreaktionen wie Körper-Koordination, Atmung, Mimik, Gestik, Hormonregulierungen, Blutdruck, Herzschlag usw., dies alles wieder verbunden mit Erinnerungs- und Zukunftsbildern, Bewertungen, Erklärungsversuchen, Schlussfolgerungen daraus, aus denen wieder Verhaltensimpulse usw. folgen. Man sieht, solche Netzwerke erscheinen sehr komplex, und ich finde es immer wieder bewundernswert, wie unser Organismus diese Netzwerke in rasender Schnelle bildet und aktiviert.

Und wie die Forschung zum autobiographischen Gedächtnis zeigt, wird in unserem Erlebnis-Repertoire jede Episode unseres Lebens, die wir mit einer „emotionalen Ladung" erlebt haben, auf unbewusster Ebene gespeichert. So verfügen wir grundsätzlich über ein enormes Potenzial an Aktions- und Reaktionsmöglichkeiten. Das nutzt uns allerdings nicht viel, wenn wir den Handlungsrelevanten Zugang zu diesem Potenzial gerade mal wieder nicht finden, gerade dann, wenn wir ihn willentlich ermöglichen wollen. Dann könnten wir nur sagen, was viele Menschen ja gerne nutzen, „Ich bin nämlich eigentlich ganz anders, aber ich komme nur so selten dazu." (Ödön von Horvath). Dies bliebe sicher sehr frustrierend.

In vielen Ratgeber-Büchern werden dann smart klingende Empfehlungen gegeben, wie man seine Potenziale schnell wieder in Gang setzen kann. Leider beziehen sich viele dabei auf eher bevorzugt rein kognitiv orientierte Strategien. Wenn jemand sich an ihnen orientiert und sich dann womöglich anstrengt, mit seinem bewussten Willen die angestrebten Ziele zu erreichen, scheitert er meist, denn gerade solche Strategien erreichen nicht die Bereiche in unserem Organismus und vor allem in unserem Gehirn, die wir für nachhaltig wirksame Maßnahmen brauchen. Sehr oft werten sich dann aber gerade die Menschen selbst massiv ab (was wieder zur Verstärkung von Problem-Erleben beiträgt), die besonders engagiert und selbstverantwortlich die empfohlenen Strategien umsetzen wollen. Wir erleben das z. B. fast täglich in der sysTelios-Klinik bei Klienten mit einer Burnout-Entwicklung, bevor wir ihnen dann wieder schnell und nachhaltig wirksam mit Strategien wie den auch hier beschriebenen helfen können.

Weshalb erscheint es den meisten Menschen so schwer, ihre Potenziale in gewünschter Weise wachzurufen, besonders dann, wenn sie sich gerade unter Stress fühlen? Dies hat vor allem damit zu tun, dass der größte Teil unseres Erlebens und damit auch das, was zur wirksamen Aktivierung unserer schlummernden Kompetenzen beiträgt, aus dem unwillkürlichen Erleben gesteuert wird, und das ist nur sehr begrenzt mit unseren üblichen gewohnten bewussten Strategien beeinflussbar, mit denen wir in unserer Kognitionslastigen Kultur vertraut sind. Für unwillkürliches Erleben sind vor allem Prozesse im Stamm- und Zwischenhirn zuständig, diese aber sind entwicklungsgeschichtlich wesentlich älter als die Großhirnrinde mit dem bewussten Denken, der kognitiven Rationalität, die seit der Epoche der Aufklärung in unserer Kultur dominiert und in der z. B. auch unser Sprachvermögen lokalisiert ist. Stamm- und Zwischenhirn, noch organisiert wie die Gehirne von Reptilien und den frühen Säugetieren, haben aber keine Sprache. Will man sie und ihre für das Überleben und auch für erfüllendes Leben so wichtigen Prozesse wirksam erreichen und beeinflussen, kommt man mit unseren üblichen, vertrauten Kommunikationsformen nicht genügend weit. Wenn ich z. B. in stark einseitig kognitiv ausgerichteten Kulturen in Wirtschaftsorganisationen arbeite, erläutere ich meinen Klienten gerne, dass die Hauptkunden der Großhirnrinde, wenn sie im Erleben etwas erreichen will, eben Stamm- und Zwischenhirn sind und dass es dafür unbedingt wichtig ist, die Sprache der Kunden zu sprechen (wie sonst im Leben halt auch). Die Sprache von Stamm- und Zwischenhirn allerdings ist eben nicht die übliche Sprache, sondern es sind die Kommunikationsformen von Bildern, inneren Filmen, Imaginationen, aber auch Klangliches, Musik, Rhythmik, ganz besonders Aspekte der Körper-Koordination, der Atmung, Mimik, Gestik, aber auch Düfte, Geschmack, Gestaltung von Ritualen und Ähnliches. Die Autorinnen nutzen diese Erkenntnisse in diesem Buch hier in wunderschöner Weise.

Wenn man dies weiß und noch dazu, dass Veränderung nicht erfordert, dass man die ganzen Zusammenhänge von gerade dominierenden Erlebnis-Netzwerken ändern muss, um wirksame, hilfreiche Veränderungen anzuregen, sondern dass es genügt, wenn man wenige Elemente eines Erlebnis-Netzwerks ändert, z. B. die Körper-Koordination, Atmung, Gestik, oder innere Bilder verändert, bekommt man Zugang zu vielfältigen Gestaltungschancen. Das „Hebb'sche Gesetz" („cells which fire together wire together") zeigt, dass ein ganzes hilfreiches Erlebnis-Netzwerk aufgerufen wird, wenn man nur wenige Elemente dieser Verknüpfung gezielt aktiviert, denn das zieht dann das gesamte damit verbundene Netzwerk nach sich.

Dafür sind aber auch unterstützende Kontextbedingungen von innen (z. B. die eigene Haltung sich selbst gegenüber und die Erwartungen an sich selbst) und von außen (z. B. Situationsbedingungen am Arbeitsplatz) Voraussetzung. In unserer immer komplexer werdenden „Beschleunigungsgesellschaft", mit immer mehr Anforderungen, von denen die meisten Menschen glauben, ihnen immer hektischer folgen zu müssen, erleben sich viele von uns quasi in einem „rasenden Stillstand", wie Soziologen wie z. B. Hartmut Rosa es gerne nennen. Dann wird es immer schwieriger, unserem Organismus die Bedingungen zu bieten, die wir für optimale Gesundheits- und Kompetenz- Entfaltung brauchen. Da reicht es auch nicht, einfach auf Entspannung, Rückzug aus der hektischen Betriebsamkeit („Aussteigen") zu setzen, wenn wir auch gut eingebettet bleiben wollen in die Entwicklungen unserer modernen Gesellschaften.

Dieses Buch bietet in erfrischender, klarer und sehr gut selbst umsetzbarer Weise viele Anregungen dafür, wie man eine gute Balance erreichen kann und sich auch immer wieder rebalancieren kann, wenn man mal wieder aus der Balance gerät (was praktisch unausweichlich ist in unserer Gesellschaft und somit kein Problem, sondern eine Aufgabe). Selten habe ich etwas gelesen, was in so schön übersichtlicher, klarer Form einlädt, aus Theorie gelebte, wirksame Praxis zu machen. Mir gefällt ein Spruch gut, der aus meiner Sicht treffend hinweist auf etwas, was ich in vielen gut klingenden Theorien schon oft erlebt habe: „Der Unterschied zwischen Theorie und Praxis ist in der Praxis größer als in der Theorie". In diesem ermutigenden Buch finde ich das anders, hier wird die Theorie so eingängig und Praxisrelevant erläutert, dass zwischen Theorie und Praxis eben kein hinderlicher Unterschied entsteht. Im Gegenteil, man bekommt so viel Lust, die angebotenen Prozesse gleich mal selbst umzusetzen, dass man es kaum noch erwarten kann. In diesem Sinne wünsche ich den Lesern viel Spaß und Erfolg dabei, woran ich keinen Zweifel habe, und den Autorinnen möchte ich meine Hochachtung für dieses hilfreiche Werk ausdrücken.

**Dr. med. Dipl. Volkswirt Gunther Schmidt**
Leiter des Milton-Erickson-Instituts Heidelberg
Ärztlicher Direktor der sysTelios-Klinik für psychosomatische Gesundheitsentwicklung
Waldmichelbach-Siedelsbrunn

# Vorwort

Das einzig Beständige ist der Wandel – dieser Satz ist gültig, seit sich Leben auf unserer Erde im Lauf der Evolution entwickelt hat. Schon immer gab es sowohl gleichmäßige Veränderungen als auch abrupte Umbrüche, auf die sich Lebewesen einstellen mussten.

Jedoch gibt es in unserer Epoche eine Beschleunigung: Entwicklungen wie die Globalisierung, demographischer Wandel und Digitalisierung beschleunigen den Wandel, er passiert schneller und radikaler als je zuvor, wir erleben eine Transformation in Bezug auf alle Lebensbereiche.

Was bedeutet das für uns in der Arbeitswelt, für Familie und Freundschaften und in der Gesellschaft?

Welche Kompetenzen brauchen wir, um diese Umbrüche nicht mit Burnout (die Zahlen steigen seit einigen Jahren extrem an) sondern mit einer persönlichen und gesellschaftlichen Weiterentwicklung zu beantworten?

Fähigkeiten wie Selbststeuerung, Selbstreflexion, der konstruktive Umgang mit Fehlern, eine hohe Kompetenz im Umgang mit unterschiedlichen Sichtweisen und Konflikten werden immer zentraler.

Zu diesen Kompetenzen möchten wir in diesem Buch Anregungen geben. Im ersten Teil geht es um Erkenntnisse aus der Neurobiologie und Psychologie, insbesondere um die bewusste Aktivierung einer bisher zu wenig genutzten Gehirnregion, nämlich dem sogenannten Frontalhirn, das uns hilft, eine innere Steuerungspostion zu etablieren. Diese Instanz wird im Folgenden „Innerer Beobachter" genannt.

Im zweiten Teil möchten wir Ideen und Impulse zum Thema Kommunikation und Beziehungsgestaltung aufzeigen. Die eigene innere Haltung, bewusstes Innehalten und psychologisches Hintergrundwissen dienen dabei als Basis für die vorgestellten Gesprächstechniken.

Achtsamkeit im Sinne einer Beobachterposition, die sich aus der Distanz ansieht, was gerade passiert, Pragmatismus im Sinne von konkreten Übungen, Tipps, Beispielen und Handlungsideen sind die beiden Pole, zwischen denen sich die Inhalte im Buch bewegen. Im Fazit sehen Sie in einer Übersicht die Bereiche noch einmal aufgezeigt, an denen wir uns orientiert haben.

Wir möchten an dieser Stelle den Personen danken, die dieses Buch mit auf den Weg gebracht haben.

Inspiriert wurden wir insbesondere von den hypnosystemischen Konzepten von Dr. Gunter Schmidt, sowie dem sysTelios-Netzwerk. Ein großes Dankeschön gilt weiterhin:

Robert, Julia und Josef dafür, dass sie uns den Rücken freigehalten haben, Annette Kuhr und Bianca Mederer vom KUHR-HAUS für die anschaulichen Graphiken, Judith und Manfred Lehner für ihre bereichernden Anregungen und Ideen, Hildegard Graf für ihr unterstützendes Lektorat, und schließlich insbesondere auch Monika Radecki und Anja-Raphaela Herzer vom Springer-Verlag für die kompetente und unermüdliche Begleitung.

Und noch eine Bemerkung zum Schluss:

Aus Gründen der besseren Lesbarkeit verwenden wir in diesem Buch überwiegend das generische Maskulinum.

**Christine Lehner**
**Sabine Weihe**

# Inhaltsverzeichnis

# III   Fazit

# Über die Autorinnen

**Christine Lehner**

Dipl. Pädagogin (Univ. Regensburg), Psychotherapeutin; Ausbildung körperorientierte Psychotherapie (Gestalttherapie, HAKOMI); Weiterbildung hypnosystemische Konzepte für Coaching, Team- und Organisationsentwicklung (Milton-Erickson-Institut, Heidelberg); Trainerausbildung. Seit 1992 selbständig, eigene psychotherapeutische Praxis und Beratungs- und Trainingsinstitut; tätig in der Qualifikation von Führungskräften, in Begleitung von Veränderungsprozessen in Organisationen und als Coach. Kernthemen: professionelles Selbstmanagement, Kommunikations- und Konfliktkompetenz auf Basis aktueller Erkenntnisse der Gehirnforschung sowie der Technik der inneren Achtsamkeit.

**Sabine Weihe**

Dipl.-Verwaltungswissenschaft (Univ. Konstanz), Schwerpunkt Arbeits- und Betriebssoziologie/ Organisationsentwicklung; zert. NLP-Master (DVNLP), DISG Management Lizenzierung, zert. systemische Beraterin (DGSF), Moderatoren- und Trainer-Ausbildung, Management-Coaching-Weiterbildung, systemische Weiterbildung (Heidelberg/Vorarlberg). Seit 1992 teils freiberuflich bzw. angestellt im Bereich Organisations- und Personalentwicklung sowie Training für Groß- sowie Mittelstandsunternehmen in Deutschland. Kernthemen: Systemische Organisationsentwicklung: Förderung des eigenverantwortlichen Lernens durch praxiserprobte Methoden und der pragmatischen Umsetzung in den jeweiligen Arbeitskontext der Teilnehmer.

# Halt in sich selbst/ Selbstführung als Kernkompetenz

## Inhaltsverzeichnis

„Rock your boat" – wie beim Segeln geht es im Alltag immer wieder darum, „das Schiff zu schaukeln", auf Kurs zu bleiben und auch in stürmischen Gewässern nicht den Überblick zu verlieren.

Wie können Sie sich selbst durch die Wellen des Alltags navigieren? Wie können Sie mit unterschiedlichsten Rollen, Anforderungen und auch Frustrationen umgehen? Was ist unser inneres GPS und wo liegen unsere inneren und äußeren sicheren Häfen und Inseln? Diesen Fragen möchten wir in den folgenden Kapiteln nachgehen.

# „Den Autopiloten stoppen" – Navigation durch Achtsamkeit



© Springer-Verlag GmbH Deutschland, ein Teil von Springer Nature 2019
C. Lehner, S. Weihe, *Zwischen Achtsamkeit und Pragmatismus*,
https://doi.org/10.1007/978-3-662-58915-1_1

**1**

- Die Machtzentrale im Gehirn sitzt im limbischen System (Gefühlshirn), das Großhirn ist ein Berater.
- Unter großem Druck wird das Großhirn „abgeschaltet"; alte, oft nicht mehr adäquate Bewältigungsmuster übernehmen die Regie.
- Wir sind zeitlebens in der Lage, einmal angelegte – und automatisch ablaufende – Denk- und Verhaltensmuster zu verändern. Allerdings sind die bisherigen Verschaltungen strukturell im Gehirn verankert – eine Veränderung bedarf deshalb einer intensiven Bewusstseinsarbeit!
- Das Einüben von Achtsamkeit bringt uns zunehmend in die Lage, automatisierte Reaktionen zu unterbrechen, wenn sie nicht konstruktiv für die Situation sind.
- Überprüfen Sie Ihre Selbstgespräche: Wenn Sie sich dabei ertappen, dass Sie sich selbst beschimpfen, abwerten und niedermachen, so stellen Sie ein imaginäres Stoppschild auf. Denken Sie nicht: „Ich Idiot, wie konnte mir das nur wieder passieren?" Denken Sie lieber: „Ich habe einen Fehler gemacht, was kann ich daraus lernen?"

> » „Zwischen Reiz und Reaktion liegt ein Raum. In diesem Raum liegt unsere Macht zur Wahl unserer Reaktion. In unserer Reaktion liegen unsere Entwicklung und unsere Freiheit." (Viktor Frankl)

Stellen Sie sich folgende Situationen vor:

Jemand kritisiert Sie, greift Sie an, oder aber Sie wissen selbst, dass Sie ein Projekt in den Sand gesetzt haben …

Welchen inneren Dialog führen Sie dann? Eher:

„Ich Idiot, schon wieder nicht hingekriegt" oder „So ein Blödmann, das war mir klar, dass von dem wieder Kritik kommt" – oder

„Mal sehen, was ich daraus lernen kann …"

Hilfreiche innere Dialoge    Welcher Dialog bringt Sie in mehr Gelassenheit und Souveränität?

Wir möchten Ihnen zeigen, wie Sie lernen, den abwertenden inneren Dialog mit sich selbst bewusst wahrzunehmen und vor allem auch zu stoppen – mit Hilfe von Achtsamkeit.

Um zu verstehen, worum es bei der „Achtsamkeit" geht, laden wir Sie zunächst zu einem kleinen Ausflug in die Geschichte der Medizin ein. Harald Walach, Psychologe und Philosoph, begann seinen Vortrag bei der Fachtagung „Achtsamkeit am Arbeitsplatz" in Frankfurt am Main 2018 mit einer Quizfrage: „Welche medizinische Intervention hat in der Vergangenheit die meisten Leben gerettet?"

Die Antwort lautet: Es ist die Entdeckung, welche Rolle die Hygiene für unsere Gesundheit spielt. Hygiene ist heute in vielen Teilen der Welt gängiger Lebensstandard, für die Kultivierung unseres Körpers nehmen wir uns ganz selbstverständlich täglich Zeit im Badezimmer, denn Gesundheit und Wohlbefinden sind uns wichtig.

Heute stehen wir mitten in einer ähnlich großen Veränderung: die „geistige Hygiene" oder die „Kultivierung unseres Bewusstseins", wie Walach (2018) es nennt, hat eine ähnlich bahnbrechende Wirkung für unsere Gesundheit. Dies betrifft auch alle anderen Bereiche der Gesellschaft wie die Kultur in Unternehmen oder die Gestaltung unserer Beziehungen. Eine Schlüsselkompetenz für diese Kultivierung ist die Kunst der Achtsamkeit.

**Kultivierung des Bewusstseins**

### Was ist Achtsamkeit?

» „Wenn du dein Leben so erfüllt und glücklich leben möchtest, wie es geht, dann sei dort, wo es stattfindet: Im Hier und Jetzt." (Doris Kirch)

Achtsamkeit bedeutet:

ganz in der Gegenwart zu sein und zu lernen, die eigenen Gedanken und Gefühle erst einmal wertfrei zu beobachten und dann bewusst zu lenken.

Weder normales Alltagsbewusstsein, in dem vieles automatisiert abläuft, noch das Ausagieren oder Runterschlucken von Gefühlen wie Wut und Trauer, sondern vielmehr ein „sich selbst bewusst dabei zuschauen", wie man tickt, ohne damit so identifiziert zu sein, dass man keine Wahlfreiheit mehr hat. Die größte Herausforderung ist dabei meist, nicht gleich zu bewerten nach gut und schlecht – das fällt unserem Gehirn extrem schwer.

Das Konzept der Achtsamkeit wird meist mit dem Buddhismus verbunden und steht hier im Zentrum eines bewussten Lebens. Nicht so bekannt ist, dass es in unserer westlichen Kultur eine lange Tradition der Achtsamkeit gibt.

In der christlichen Tradition wird weniger von Achtsamkeit gesprochen, sondern mehr von Aufmerksamkeit, Wachsamkeit oder Kontemplation (lat. contemplatio „Betrachtung"), eine Tradition, die wir seit einigen Jahren wieder entdecken.

**Das streunende Ich anbinden**

Die gemeinsame Grundstruktur beider Wege ist es, das Bewusstsein zu ordnen und zu beruhigen. In einem Vortrag beschreibt der Zen-Meister und spirituelle Lehrer Willigis Jäger Kontemplation als das „Schauen ins eigene Selbst", er schlägt vor, „das streunende Ich anzubinden."

Das streunende Ich anbinden – oder vielleicht eher, es bewusst zu begleiten – ein treffendes Bild für die Kompetenz, sich selbst konzentrierter zu steuern. Gerade heute auch hilfreich, wenn uns das Internet oder soziale Netzwerk mal wieder Zeit und Ziel vergessen lassen…

Inzwischen gilt Achtsamkeit – weit über den Buddhismus und die christliche Mystik hinaus – als eine Art Königsweg, um innerlich zur Ruhe zu kommen und gelassener mit den Anforderungen des Alltags umzugehen. Es ist mehr als eine Entspannungstechnik, es geht um eine Lebenseinstellung, eine innere Haltung.

> » „It is not a new technic, it is a different way of being."
> (Prof. Jon Kabat-Zinn)

Die moderne Hirnforschung hat interessanterweise bei der Untersuchung der im Gehirn ablaufenden Verarbeitungsprozesse die körperlichen Grundlagen gefunden, die die Erkenntnisse der Achtsamkeit „materiell" bestätigen. Gerald Hüther (2005), der bekannte Hirnforscher, beschreibt: „Durch den Aufbau von Metaebenen, auf denen interne Prozesse reflektiert und analysiert werden, kann ein Gehirn die Fähigkeit erlangen, sich seiner eigenen Wahrnehmungen und Intentionen bewusst zu werden, …"

Metaebene: die Adlerperspektive

Was ist mit „Metaebene" gemeint? Konkret heißt das: Wenn wir trainieren, unsere Haltungen, Be-Wertungen und Entscheidungen bewusster zu überprüfen, sie aus der Adlerperspektive anzuschauen, können wir freier entscheiden und handeln.

Für diesen „Aufbau von Metaebenen" brauchen wir Achtsamkeit – die Fähigkeit unseres Geistes, ganz präsent zu sein und alles, was sich im Moment in mir selbst und um mich herum abspielt, bewusst und zunächst wertneutral wahrzunehmen – ohne sofort darauf zu reagieren.

Es geht darum, Distanz zu den eigenen Gefühlen und Gedanken zu entwickeln. Es bedeutet, bewusster entscheiden zu können, beispielsweise:

- Wie gehe ich mit aufsteigender Wut und Ärger um?
- Sage ich etwas Bestimmtes? Oder atme ich nochmal tief durch und entscheide, lieber zu einem späteren Zeitpunkt ein klärendes Gespräch zu suchen? Oder merke ich beim Durchatmen: Das ist es im Grunde gar nicht wert, mich zu ärgern. Oder entscheide ich bewusst: Jetzt reicht es wirklich und ich mache eine durchaus sehr emotionale klare Ansage?

Das gleiche gilt für Aufregung und Angst: wenn es mir gelingt, den Autopiloten zu unterbrechen, bin ich den Gefühlen nicht mehr so ausgeliefert, werde nicht so überrollt und ausgehebelt.

Was vor einigen Jahren noch eher belächelt wurde, ist in vielen großen Konzernen heute ein festes Angebot: die Beschäftigung mit dem eigenen Bewusstsein. Immer mehr Firmen bieten beispielsweise Achtsamkeitskurse an. Christopfer Tamjidi beschreibt in einem Artikel der Zeitschrift ManagerSeminare:

Achtsame Manager

> » „Achtsamkeit bedeutet Arbeit mit dem eigenen Geist.
> Achtsame Manager sind in der Lage, ihre Aufmerksamkeit
> konzentriert auf einen Punkt zu richten. Sie fokussieren

> sich gedanklich ganz auf den jetzigen Moment: auf das,
> was sie gerade tun – auf das, was gerade ist. Das ständige
> Gedankenkarussell im Kopf können sie loslassen. So können
> sie viel mehr sehen und wahrnehmen als Menschen, die
> ihren Geist nicht trainieren. Sie nehmen die Regungen
> ihrer Mitarbeiter wahr, und sie nehmen ihre eigenen
> Emotionen wahr (…). Das Ergebnis ist: Sie sind entspannter,
> konzentrierter – und in der Lage, angemessener mit ihren
> Emotionen umzugehen." (Tamdjidi 2012)

Es geht also um die Fähigkeit, aufmerksam zu beobachten, welche automatisierten Reaktionen in unserem Denken, Fühlen und Verhalten abgespeichert sind, sie zu erkennen und zu verändern, wenn sie nicht zieldienlich sind. Mit dieser Fähigkeit bekomme ich zunehmend eine Wahlfreiheit im eigenen Denken und Handeln. Im zweiten Kapitel werden wir darauf eingehen, was die Flügel stärken kann, um in diese „Adlerperspektive" zu kommen. Zunächst ein paar Informationen über die Automatismen, die uns oft steuern.

## 1.1 Wo sitzt die Regie im Gehirn?

Wir befinden uns im Alltag häufig im Modus des „Autopiloten". Unser Gehirn braucht sehr viel Energie, gleichzeitig ist es darauf programmiert, so effizient wie möglich zu arbeiten und dabei so energiesparend wie möglich zu funktionieren. Aus diesem Grund speichert es gelernte Verhaltensweisen und spult sie im Alltag automatisch ab. Vom Zähneputzen bis zur Vorbereitung der nächsten Besprechung – wir brauchen nicht groß nachzudenken, es läuft „von selbst".

Im Alltag ist das sehr hilfreich, wenn viele Vorgänge und Reaktionen weitgehend unbewusst ablaufen; es wäre zu anstrengend, jede einzelne Routine ständig neu abrufen zu müssen („wie war das nochmal – kuppeln, schalten, Kupplung loslassen …"). Allerdings ist der Autopilot nicht immer nützlich, wenn er gewohnte und abgespeicherte Verhaltensweisen abspult. Vielleicht kennen Sie das: Sie ärgern sich schon seit langem, dass Sie in bestimmten Konfliktsituationen nicht souveräner reagieren können. Sie wissen vielleicht auch genau, was Sie „falsch" machen und wie Sie sich „eigentlich" verhalten möchten. Sie haben sich vorgenommen, in der nächsten Konfliktsituation ruhig zu bleiben – aber es klappt dann doch wieder nicht. Trotz aller guten Vorsätze versagt Ihnen die Stimme, Sie explodieren oder die im Vorfeld so gut überlegten Argumente fallen Ihnen einfach nicht mehr ein. Und danach ärgern Sie sich dann wahrscheinlich noch über sich selbst: Warum konnten Sie einfach nicht souverän bleiben? Ein Blick in den Aufbau unseres Gehirns hilft, diese Vorgänge nachzuvollziehen.

Alltagsmodus Autopilot

**1**

Graphik: Aufbau Gehirn.

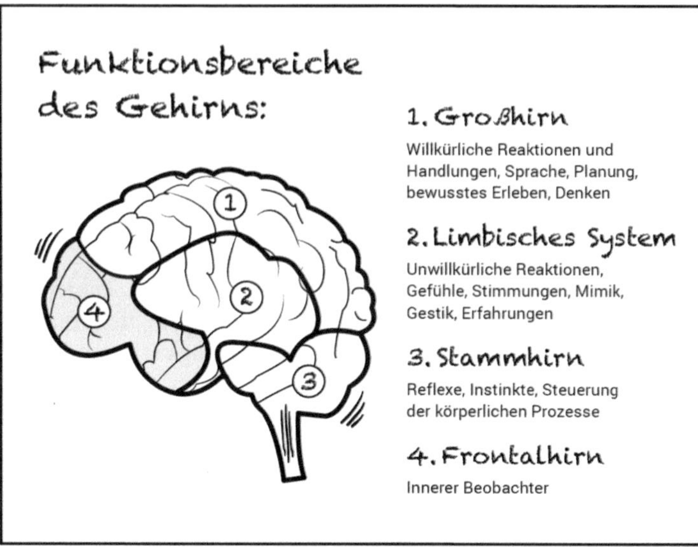



**Die Machtzentrale sitzt im Gefühlshirn**

Um zu verstehen, warum wir in dieser Situation nicht so reagieren, wie wir es uns „eigentlich" vorgenommen haben, müssen wir uns erst einmal bewusst machen, wie unser Verhalten gesteuert wird. Die eigentliche Machtzentrale in unserem Bewusstsein ist nicht – wie lange Zeit angenommen – das vernünftige Großhirn (der Neokortex), sondern vielmehr eine entwicklungsgeschichtlich weit ältere Gehirnregion: das sogenannte limbische System, auch Gefühlshirn genannt. Dieses uralte Gehirn, das nicht nur wir, sondern alle Säugetiere und zu einem gewissen Grad auch Reptilien haben, hat Millionen von Jahren nur ein Ziel verfolgt: überleben – egal, wie. Um überleben zu können, sind blitzschnelle Entscheidungen nötig, über die wir nicht vernünftig nachdenken können, ja, oft nicht einmal dürfen. Wenn der Säbelzahntiger vor unseren Urahnen stand, gab es nur noch eine Überlebenschance: weglaufen, so schnell wie möglich. Bei Lebensgefahr übernimmt das Stammhirn die Steuerung: Flucht, Kampf oder Erstarren – mehr Reaktionsmöglichkeiten gibt es dann nicht mehr.

Um diese blitzschnellen, lebensnotwendigen Entscheidungen treffen zu können, haben das limbische System und das Stammhirn direkten Zugriff auf die Bereiche in unserem Gehirn, die unser Handeln bestimmen: Es kontrolliert unsere Gefühle, unsere Körperhaltung und damit letztendlich jede Entscheidung. Dies geschieht völlig unwillkürlich und häufig unbewusst.

„Das limbische System hat also gegenüber dem rationalen kortikalen System das erste und das letzte Wort", schreibt Gerhard Roth (2003) in *Aus Sicht des Gehirns*.

Weitgehend unbewusste und vor allem automatisierte abgespeicherte Verhaltensmuster bestimmen uns also viel mehr, als uns im Alltag lieb ist. Wenn unser Gefühlshirn Gefahr wittert, hebelt es das Großhirn oftmals aus. So lässt uns ein abfälliger Satz ins Stottern kommen, eine provokante Frage lässt uns aggressiv „zurückschießen" oder eine skeptisch hochgezogene Augenbraue bringt uns aus dem sorgsam vorbereiteten Konzept.

Das Gefühlshirn ist immer schneller als das Großhirn

Wichtig ist zu wissen: Unwillkürliche Reaktionen aus Stammhirn und limbischem System sind immer schneller als die Reaktionen des Großhirns. Der bewusste Verstand ist ein Berater – der Vorstand sitzt im Gefühlshirn.

Erst einmal ärgerlich und oft nicht hilfreich, oder? Warum brauchen wir den Autopiloten? Unser Überleben war und ist davon abhängig, dass ein Großteil der Tätigkeit des Gehirns über unbewusste Vorgänge geregelt wird. Hier benutzt das Gehirn andere Gebiete als bei bewussten Vorgängen, darunter vor allem das emotionale Erfahrungsgedächtnis. Dieses beginnt bereits vor der Geburt zu arbeiten und speichert alle Erfahrungen, die wir im Laufe unseres Lebens machen. Entdeckt es etwas, das es als Gefahr deutet, löst es sofort Alarm aus. Binnen weniger Millisekunden werden sämtliche Vorgänge im kognitiven Gehirn storniert.

Dabei wird die Tätigkeit des kognitiven Gehirns sogar unterbrochen, es wird schlicht und einfach ausgeschaltet. Das emotionale Erfahrungsgedächtnis reagiert blitzschnell und automatisiert: Was sollten wir jetzt tun, denken, wie uns verhalten? Wir können nicht jede alltägliche Reaktion und Handlung bewusst steuern, das würde uns völlig überfordern. Deshalb ist es nötig, dass uns das emotionale Erfahrungsgedächtnis entlastet und diese Aufgaben selbstständig ausführt. Allerdings haben sich manche nicht konstruktiven Verhaltensweisen auch verselbstständigt. Sie beziehen sich auf Erfahrungen oder Dinge, die wir früher einmal gelernt haben, die heute jedoch nicht mehr auf unser Leben zutreffen oder nicht mehr angemessen sind. Dazu gehört zum Beispiel, sich gegenüber Autoritätspersonen angepasst zu verhalten. Das war früher in unserem Leben vielleicht einmal wichtig und hat sich dadurch strukturell im Gehirn verankert, war also lange Zeit die „Autobahn", auf der wir unterwegs sein mussten.

Blackout im Großhirn

Als Erwachsener können wir für uns selbst eintreten und unsere Position auf Augenhöhe einbringen. Allerdings haben wir diese unbewusste Verhaltensweise so sehr in uns gespeichert, dass wir heute – vor allem in schwierigen Situationen – manchmal plötzlich auf der alten Autobahn unterwegs sind und die Ausfahrt zum angemessenen, erwachsenen Verhaltensmuster verpassen. Unser „jüngeres Ich" bestimmt unsere Verhaltensweise, wir können in diesem Moment einfach nicht aus unserer (eigentlich überholten) Haut. Wir haben in diesen Situationen erst einmal keinen mentalen Einfluss auf unsere Gefühle, die

Die verpasste Ausfahrt auf der Autobahn

**1**

guten Vorsätze sind wie weggeblasen. Botenstoffe im Gehirn – z. B. Adrenalin – werden ausgeschüttet, die zu schnellen Reaktionen führen und das Denken dabei umgehen.

## 1.2 Der „Aufzug im Gehirn" – der Autopilot bei Stress

Der Aufzug im Gehirn

Das gilt ganz besonders, wenn wir in Stresssituationen unter großen Druck geraten. Gerald Hüther erklärt in einem STERN-Interview (2006) mit seinem „Aufzugmodell" sehr anschaulich, wie unser Denken dann ausgehebelt wird: „Am besten stellt man sich die Vorgänge im Kopf wie einen Fahrstuhl vor: Ganz oben, im Obergeschoss, finden wir die umsichtigsten Lösungen. Im Keller die einfachsten. Im Obergeschoss denken wir vorausschauend, lösen Aufgaben kreativ. Denn dann nutzen wir den präfrontalen Cortex, zuständig für Handlungsplanung und Folgenabschätzung. Aber unter Druck versagt er kläglich. Wir finden keine sehr klugen Lösungen. Wenn zu viel auf uns hereinprasselt, schaltet das Gehirn zurück, wir erleiden einen Rückfall in alte Bewältigungsstrategien."

Auf die Frage, was passiert, wenn der Druck noch weiter wächst, erklärt Hüther: „Dann geht es unter Umständen ganz in den Keller: Bei immensem Stress springen die archaischen Notfallprogramme an. Die haben wir übrigens mit allen Säugetieren gemeinsam: Das sind erstens Angriff, zweitens Flucht und drittens Erstarrung". (ebd.)

Unter schwierigen Bedingungen fahren wir also mit dem „Aufzug" ins Gefühlshirn oder Stammhirn, das Denken wird unterbrochen. Oft werden dann Verhaltensmuster aktiviert, die wir früher gelernt haben. Die Situation erinnert uns (unbewusst) an frühere Stresssituationen, in denen wir uns überfordert, ausgeliefert und gleichzeitig sehr abhängig von der Umwelt gefühlt haben.

Ein Beispiel aus der Praxis:

**Beispiel**

Sebastian, ein 47-jähriger Coaching-Klient, bearbeitet einen äußerst wichtigen und hochkomplexen Projektauftrag. Je näher der Abschlusstermin kommt, desto öfter hebeln Ängste seine sonstige Klarheit und Souveränität aus. Sein Verstand sagt ihm: „Damit machst du es noch schwieriger" – die Gefühle haben jedoch ihr Eigenleben und blockieren ihn zunehmend. Durch Innehalten und genaues Hinschauen aus der Beobachter-Position erkennt er, dass durch den Druck eine Situation aus seiner Studienzeit aktiviert wurde, in der er sich sehr bloßgestellt und überfordert gefühlt hat. Das Erkennen und Zuordnen ermöglicht es ihm, sich von den Gefühlen, die zu der alten Situation gehören, zu distanzieren und wieder sein „heutiges Ich" aktivieren zu können.

Menschen, die uns gut kennen – langjährige Kollegen, der Partner oder die Partnerin oder auch gute Freunde – wissen meist ganz genau, welche Knöpfe sie drücken müssen, um das von uns zu bekommen, was sie wollen. Ebenso gut wissen sie aber auch, wie sie uns ganz schnell auf die Palme bringen können: Meist genügt hier eine kleine Andeutung, ein unterschwelliger Vorwurf, und wir sind zu keiner vernünftigen Kommunikation mehr in der Lage. Um in einer Konfliktsituation eben nicht einfach auszurasten oder aufzugeben, sondern gelassen zu bleiben und so weiterhin zielorientiert im Gespräch zu bleiben, ist es hilfreich, Ihre eigenen Verhaltensweisen zu überprüfen. Wie gut kennen Sie sich selbst, Ihre „Ausrastpunkte", „roten Knöpfe", „dünnen Stellen", an denen man Sie aushebeln kann? Vielleicht braucht man ja nur anzudeuten, dass Sie egoistisch sind, und schon sind Sie auf 180? Spüren Sie diese Punkte auf und lernen Sie, Achtsamkeit als ein Werkzeug zu nutzen, um schrittweise Ihr automatisiertes Verhalten zu erkennen und zu unterbrechen.

Die roten Knöpfe kennen

Fragen Sie sich in solchen Momenten: Was geht hier in mir vor? Wie verhalte ich mich und wie wirkt dieses Verhalten nach außen? Kritisieren Sie sich jedoch nicht gleich, sondern beobachten Sie einfach. Richten Sie Ihre Aufmerksamkeit nach innen und nehmen Sie wahr, was gerade in Ihnen los ist.

## Beispiel

Vielleicht kennen Sie folgende oder ähnliche Situationen: Sie haben gerade eine neue Idee im Kollegenkreis vorgestellt, von der Sie voll und ganz überzeugt sind. Doch die Reaktionen fallen anders aus als erwartet: Ein Kollege runzelt die Stirn, niemand geht auf Ihre Idee ein. Sie merken, wie Sie angespannt werden und sich unwohl fühlen. Der Kopf wird leer und Sie werden unsicher oder ärgerlich: „Vielleicht ist die Idee doch nicht so gut", denken Sie – oder auch: „Das habe ich mir doch gleich gedacht, dass der Meier mich wieder boykottiert." Und schon geht das Kopfkino im Autopiloten los: Entweder Sie machen sich selbst Vorwürfe, mit welch einer unausgereiften Idee Sie da an die Öffentlichkeit gegangen sind, oder Sie gehen auf den Kollegen los, machen im Gegenzug seine Vorschläge madig oder starten einen verbalen Gegenangriff.

Genau hier setzt Achtsamkeit an: Wenn Sie gelernt haben, den inneren Beobachter zu nutzen, (1.3.), können Sie einüben, Distanz zu diesen Reaktionen bekommen. Im Beispiel könnte das folgender innerer Blitz-Dialog sein: „Ich merke gerade, dass mich die Reaktionen der Kollegen verunsichern. Ich hatte mir

Achtsamkeit statt Kopfkino

eine positive Resonanz erwartet und bin jetzt sauer. Am liebsten würde ich jetzt lospoltern". Sie machen sich bewusst, was in Ihnen vorgeht, und das ist entscheidend. Sie nutzen den „Raum zwischen Reiz und Reaktion" (Viktor Frankl), denn alles, was Sie reflektieren, kann Ihnen nicht mehr so leicht aus der Hand gleiten. Durch die Distanzierung, den *Inneren Beobachter* haben Sie nun eine Wahlmöglichkeit: Sie können lospoltern, müssen aber nicht. Oder wie Dr. Gunther Schmidt im Rahmen seiner Seminare gerne sagt: „Betrachten Sie die Verhaltensweisen anderer Menschen als Einladungen. Ich muss nicht jede Einladung annehmen."

Trainieren Sie die mentale Stärke, z. B. indem Sie die folgenden „Einladungen" öfter einmal auszuschlagen:

- sich aufzuregen, sich ärgern zu lassen,
- sich klein zu fühlen,
- sich ausgehebelt vorzukommen,

**Wie das Großhirn online bleibt**

Der erste Schritt ist ein tiefer Atemzug und die bewusste Aktivierung des „inneren Beobachters": Was passiert gerade in mir? Üben Sie, in diesen Situationen erst einmal einen „Unterbrecher-Satz" zu nutzen, beispielsweise: „Bleib erst mal ruhig!" Dadurch bleibt Ihr Großhirn mit größerer Wahrscheinlichkeit „online" und Sie sind in der Lage, die Situation erst einmal so anzunehmen, wie sie ist: „Ah, das hat mich getroffen". So können Sie sich erst einmal „sortieren" und dann im nächsten Schritt in Ruhe herauszufinden, weshalb Ihre Idee auf taube Ohren gestoßen ist.

Anders als beim sogenannten „positiven Denken" geht es hier allerdings nicht darum, sich „gute Gefühle zu machen", sondern alle Gefühle – positive wie negative – wahrzunehmen und auch ernst zu nehmen.

Richten Sie ihr Augenmerk neben den Denk- und Verhaltensweisen auch auf Ihre Körperhaltung – sie spiegelt die unwillkürliche Reaktion in Ihrem Inneren. Möglicherweise stellen Sie dabei fest: „Ich atme flach und spanne mich in den Schultern an, ziehe den Kopf leicht ein."

Auch bestimmte Körperhaltungen nehmen wir oft unbewusst und automatisch ein, auch sie können ins Bewusstsein geholt und verändert werden.

In unseren Seminaren sind manche der Teilnehmerinnen und Teilnehmer häufig erst einmal skeptisch: „Was habe ich denn davon, wenn ich mich beobachte? Wenn ich mitkriege, dass ich unsicher, nervös oder verärgert bin? Mache ich die Sache nicht noch schlimmer? Und überhaupt: Wer hat schon die Zeit, dauernd in sich ‚hineinzuhorchen'? Das ist doch unrealistisch!"

Diese Gedanken sind durchaus nachvollziehbar, aber trotzdem: Schauen Sie noch einmal genau hin und Sie werden sehen: Es macht einen enormen Unterschied, ob Sie innerlich kochen und aus diesem Gefühl heraus agieren („Dann machen Sie's doch selber!") oder ob Sie wissen, dass der andere jetzt Ihren wunden Punkt getroffen hat und Sie am liebsten hochgehen würden, nun aber durch gezieltes Training bewusst durchatmen und gelassen zurückfragen: „Was genau gefällt Ihnen denn nicht an meiner Idee?"

Wir meinen: Es lohnt sich, die Zeit zu investieren und sich zu trainieren, innehalten zu können.

Eine sehr hilfreiche Übung dafür ist die STOPP-Übung (Goldstein und Stahl 2016). Erinnern Sie sich an die ersten Fahrstunden, an die Anweisungen, die Sie beim Überqueren einer Kreuzung mit Stoppschild bekommen haben? Innehalten, 21, 22, 23 zählen – dann weiterfahren.

Im Grunde geht es auf den Kreuzungen des Alltags genau um die gleiche Kompetenz: Innehalten, bewusst wahrnehmen, dann erst weitermachen.

**Übung**
Die STOPP-Übung

1. Halten Sie einen Moment inne – „Stop for a moment"
2. Nehmen Sie einen bewussten Atemzug – „Take a breath"
3. Beobachten Sie, was in Ihrem Körper und Ihrem Geist passiert – „Observe what is happening in your body and mind"
4. Machen Sie mit mehr Präsenz weiter – „Proceed on with more presence"

**1**

Den *inneren Beobachter* trainieren

Und was den Zeitfaktor betrifft: Hier verhält es sich wie mit dem Autofahren. Am Anfang wirkt es noch mühsam, bei jedem Schalten oder Blinken müssen Sie noch nachdenken und die nötigen Bewegungen bewusst ausführen. Mit der Zeit werden diese Vorgänge jedoch Routine und meistens merken Sie gar nicht mehr, dass Sie gerade geschaltet oder geblinkt haben.

Auch wenn Sie den *inneren Beobachter* anwenden, müssen Sie anfangs noch genau überlegen: Was geht gerade in mir vor? Was würde ich jetzt automatisch tun? Welche Auswirkung hätte das? Und: was wäre stattdessen konstruktiver? Doch mit zunehmender Übung wird Ihnen dieser Prozess des Innehaltens in Fleisch und Blut übergehen und immer häufiger ganz selbstverständlich und blitzschnell ablaufen.

## 1.3  Der „innere Beobachter" – die Steuerungsinstanz im Gehirn

Die Zentrale hinter der Stirn

Achtsamkeit bedeutet also, einen *inneren Beobachter* zu etablieren und zu trainieren. Es geht um eine spezielle Form der Aufmerksamkeit, eine wohlwollende, nicht beurteilende innere Haltung. Die Regie sitzt im Gefühlshirn, Achtsamkeit aktiviert quasi den Aufsichtsrat, der die Arbeit der Regisseure einer Qualitätskontrolle unterzieht. Wo sitzt dieser Aufsichtsrat? Die Hirnregion, die eintreffende Impulse und Reaktionsweisen aus dem Gefühlshirn und Stammhirn ordnen kann, heißt anatomisch Frontalhirn oder Stirnlappen. Berühren Sie doch für einen Moment mal bewusst die Stirn – das ist genau die Region, hinter der dieses „Frontalhirn" liegt: die Stelle, die wir oft unbewusst berühren, wenn wir uns konzentrieren möchten.

> » „Ohne Frontalhirn kann man keine zukunftsfähigen Handlungskonzepte und inneren Orientierungen entwickeln, kann man nichts planen, kann man die Folgen von Handlungen nicht abschätzen, kann man sich nicht in andere Menschen hineinversetzen und deren Gefühle teilen, auch kein Verantwortungsgefühl entwickeln." (Hüther 2012)

Die Kompetenz des Frontalhirns ist es, sich erst einmal wertfrei einen Überblick zu verschaffen und dann im zweiten Schritt das Denken und Verhalten zu steuern. Vorausschauendes Denken und Handeln sitzt also hier, man spricht auch von präfrontaler Kompetenz.

**Achtsamkeit: Gedanken wertfrei wahrnehmen**
In dieser Übung geht es darum zu lernen, wertfrei und unvoreingenommen zu beobachten, was in Ihrem Bewusstsein auftaucht. Beobachten Sie zentriert, welche Gedanken, Bewertungen oder Stimmungen kommen und gehen.

Nehmen Sie sich an einem ruhigen Ort etwa zehn Minuten Zeit, setzen Sie sich bequem hin und lenken Sie Ihre Aufmerksamkeit auf Ihre Atmung.

- Beobachten Sie, wie Gedanken kommen und gehen, wie sie auftauchen und wieder verschwinden.
- Machen Sie sich bewusst: Gedanken sind Ihre eigenen Vorstellungen und Interpretationen – sie müssen mit der Realität nicht unbedingt übereinstimmen.
- Registrieren Sie Inhalt und Intensität der Gedanken und konzentrieren Sie sich dann auf Ihre Atmung
- Machen Sie sich bewusst: Gedanken sind nicht von Dauer, ihre Natur ist unbeständig.
- Gehen Sie immer wieder in die Rolle des wertfreien Beobachters (z. B. „Ah, jetzt denke ich gerade an …")
- Wenn Sie sich in Gedanken festhängen oder den Faden verlieren, so konzentrieren Sie sich immer wieder auf Ihre Atmung.

Der *Innere Beobachter* geht also folgende Schritte:

- Ich lasse meine Gedanken und Gefühle wertfrei zu.
- Ich beobachte sie aus der „Adlerperspektive".
- Ich nehme erst einmal wertfrei das an, was gerade da ist – ohne sofort zu reagieren.
- Ich filtere heraus, was im nächsten Schritt für mich hilfreich ist.

## 1.4 Die Brücke zwischen Autopilot und Bewusstsein

Im Beispiel von Sebastian (1.2.) gelingt es, sein Denk- und Verhaltensmuster unter Stress zu verändern. Wichtig ist es, das bisherige Muster nicht einfach als „falsch" abzutun. Wertfrei akzeptieren bedeutet zu erkennen: Irgendwann hatte das alte Muster einen Sinn – wahrscheinlich fungierte es früher als eine Art Schutzschild. Manche dieser Muster haben wir vielleicht auch von einem Vorbild (unbewusst) übernommen oder es ist einfach eine „alte Gewohnheit", die nun ausgedient hat.

Das bisherige Verhalten lässt sich nicht von einem Tag auf den anderen ausschalten und wird ab und zu wieder auftauchen – erst noch häufig, später dann immer seltener. Ärgern Sie sich nicht darüber, denn das kostet nur unnötige Energie. Atmen Sie tief durch, akzeptieren Sie – wie Gunther Schmidt (Schmidt 2004) sagt – die „Ehrenrunde" im alten Verhaltensmuster, und lenken Sie Ihre Aufmerksamkeit dann wieder auf Ihr Ziel: Wo möchten Sie hin, was könnte Sie dabei unterstützen? Vor allem aber auch: welches innere Bedürfnis braucht vielleicht noch mehr Aufmerksamkeit: wofür ist die Ehrenrunde vielleicht noch gut?

Die „Ehrenrunde" im alten Muster akzeptieren

**1**

Das Paradox des Wandels

Sagen Sie sich dann so gelassen wie möglich: „Das habe ich bisher in bestimmten Situationen so gemacht – und es war früher mal sinnvoll. Aber ich kann mich ändern und lernen, auch unter Stress souveräner zu bleiben." Das Paradox des Wandels heißt also: Das alte (automatisierte) Verhalten würdigen, um das Neue zu erreichen!

## 1.5 Emotionen in konstruktive Bahnen lenken

>> Wir sind rationale Wesen, die ihren Verstand verwenden, um ihre Emotionen in den Hintergrund zu drängen oder sie rational zu begründen. Das ist weder gut noch schlecht, es ist einfach so.
Aber das Interessante daran ist, dass dennoch all unsere Handlungen von Emotionen geleitet sind. Das Wort „Emotion" hat im Lateinischen etwas mit Bewegung zu tun. Emotion ist also das, was uns bewegt. (Humberto Maturana)

Auch bei Gefühlen geht es – wie bei Gedanken – darum, Reiz und unmittelbare Reaktion zu entkoppeln. Ein geschickter Berater kann den Entscheider durch Überzeugungsarbeit lenken – das heißt konkret:

Mit Hilfe des *Inneren Beobachters* können Sie den Einfluss von Emotionen auf Ihr Verhalten besser steuern.

Es geht darum zu unterscheiden, ob man in die Gefühle „verstrickt" ist oder ob man sie „filtern" kann und konstruktiv nutzt. Bei einer verstrickten Reaktion werden wir von den Gefühlen überrollt, bei einer gefilterten Reaktion dagegen nehmen wir das Gefühl ernst, ohne uns davon unreflektiert steuern zu lassen.

Wie können wir unser inneres Gefühlskino konstruktiv nutzen lernen?

### ▪ Umgang mit Emotionen

Emotionen als Botschafter

Eine Beraterkollegin, Karolina Schuler hat, inspiriert durch das Mentale Training und die Neurowissenschaften, eine sehr hilfreiche Übung im Umgang mit unangenehmen Gefühlen entworfen. Wir neigen im Alltag häufig dazu, unsere unangenehmen Gefühle, wie z. B. Ärger, Frustration, Unsicherheit, Angst oder emotionale Erschöpfung, zu verdrängen oder, wenn das nicht (mehr) geht, uns viel zu lange mit ihnen zu beschäftigen. Allzu oft fallen wir dann sprichwörtlich in ein „emotionales Loch" und werden die Anspannung, Verzweiflung oder den Druck lange nicht mehr los.

Der Umgang mit negativen Emotionen lässt sich mit Hilfe folgender strukturierten Übung in sechs Schritten gut trainieren:

Dazu ist es nützlich, sich Emotionen schlicht und einfach als kleine Botschafter vorzustellen, als „Besucher", die es gut mit uns meinen und gar nicht so lange bleiben wollen.

In den folgenden sechs Schritten lernen Sie zu verstehen, dass es ein kleiner aber entscheidender Wechsel Ihrer Aufmerksamkeit ist,

- WIE Sie Ihre Emotionen bewerten und
- WAS Sie aus ihnen lernen können.

Sechs Schritte, um Emotionen zu nutzen

Folgende sechs Schritte helfen Ihnen, Ihre Emotionen mit Hilfe Ihrer inneren Vorstellungskraft konstruktiv zu bewerten und für sich als Handlungsimpulse zu nutzen:

1. Wahrnehmen
2. Annehmen
3. Anhören
4. Lernen
5. Verabschieden
6. Handeln

**Übung**

Emotionen als Botschafter: Anleitung für den Umgang mit unangenehmen Emotionen

Angenommen, eine Ihrer aktuellen unangenehmen Emotionen – sei es z. B. ein Gefühl von Überforderung, Stress, Traurigkeit, Wut oder Sinnlosigkeit – wäre nur ein nützlicher, vorübergehender Gast. Wählen Sie für diese Übung am besten ein konkretes Beispiel aus. Stellen Sie sich vor, wie dieser Botschafter – die „störende" Emotion – dann aussehen könnte. Vielleicht ein kleines Männchen? (Wenn Ihr Großhirn hier protestiert, rufen Sie sich noch einmal die Rolle des Gefühlshirns, das in Bildern „denkt", in Erinnerung). Nehmen Sie erst einmal eine Situation bzw. eine Emotion, die Sie nur leicht ärgert, traurig macht oder stresst.

1. **Wahrnehmen**

   Halten Sie kurz inne und nehmen Sie das unangenehme Gefühl wahr. Wo in Ihrem Körper spüren Sie es? Entscheiden Sie sich, es nicht zu verdrängen, sich abzulenken sondern hören Sie es „anklopfen an der Tür". Gehen Sie hin, öffnen Sie die Tür, nehmen Sie es wahr und bitte Sie es herein.

2. **Annehmen**

   Wenden Sie sich dem Gefühl, dem Botschafter zu, heißen Sie ihn wertschätzend willkommen und bitten Sie ihn symbolisch, „in Ihrem Wohnzimmer Platz zu nehmen". Signalisieren Sie mit voller Überzeugung, dass er die Erlaubnis bekommt, da zu sein.

3. **Anhören**

   Fragen Sie Ihren Botschafter: „Liebes Gefühl, was willst Du mir sagen?" Und hören Sie aufmerksam zu. Seien Sie geduldig mit sich. Und helfen Sie sich ggf. mit einer Einladung, intuitiv raten zu dürfen. Haben Sie die Botschaft gehört, bedanken Sie sich bei Ihrem Botschafter.

4. **Lernen**

   Und nun erstellen Sie (in Anwesenheit des Botschafters) einen Handlungsplan. Zu welchen konkreten nächsten Handlungen (und seien es Tippelschritte) regen Sie die Botschaften an?

5. **Verabschieden**

   Jetzt ist die Zeit gekommen, loszulassen und Ihren Botschafter zu verabschieden. Ihr Gefühl hat nun seine Funktion erfüllt. Hilfreich könnte hier zusätzlich sein, Ihre Gefühle mit inneren Vorstellungsbildern zu verändern (z. B. sich vorzustellen, dass ihr Botschafter seinen Wanderrucksack packt und loszieht, oder dass sich ihr Gefühl wie Sand im Wind verstreut).

6. **Handeln**

   Nun heißt es, sich am besten direkt an die Umsetzung eines Schrittes aus Ihrem Handlungsplan zu machen oder Zeitfenster hierfür fest in Ihren Kalender einzutragen.

Diese Technik ermöglicht es Ihnen, nicht in negativen Emotionen hängen zu bleiben, auch in kritischen Gefühlsmomenten nicht aus einem Opfergefühl heraus zu agieren und nicht an einer vermeintlichen Realität zu leiden („Da muss man sich doch ärgern"), sondern die Wahrnehmung und Bewertung dieser „Realität" zu gestalten.

## Literatur


Goldstein E, Bob S (2016) MBSR für jeden Tag Die achtsamkeitsbasierte Stressbewältigung im Alltag. arbor, Freiburg, S 146

Hüther G (2005) Bedienungsanleitung für ein menschliches Gehirn. Vandenhoeck & Rupprecht, Göttingen, S 115

Hüther G (Interview). STERN 27.12.2006. www.stern.de/panorama/wissen/mensch/stress-unter-druck-stuerzt-das-gehirn-in-den-keller.

Hüther G (2012) Was wir sind und was wir sein könnten. Fischer, Frankfurt a M, S 42

Kirch, D Achtsamkeitszitate. DFME – Deutsches Fachzentrum für Achtsamkeit. ▶ https://dfme-achtsamkeit.de/zitate-achtsamkeit-kirch/. Zugegriffen: 1. Febr. 2019

Roth G (2003) Aus Sicht des Gehirns. Suhrkamp, Frankfurt a M, S 162

Schmidt G (2004) Liebesaffären zwischen Problem und Lösung. Carl-Auer, Heidelberg, S 371

Tamdjidi C (Dezember 2012). In managerSeminare Verlags GmbH, Bonn, Heft 177, ISSN 09386211

Walach H. Vortrag im Rahmen der 6. Fachtagung Achtsamkeit am Arbeitsplatz, 19. April 2018 in Frankfurt/Main, Download Auditorium Netzwerk, ▶ https://shop.auditorium-netzwerk.de/. Zugegriffen: 8. Mai 2018.

# „Inseln der Sicherheit" – Selbstführung durch Zugang zu inneren Ressourcen und Kraftquellen



© Springer-Verlag GmbH Deutschland, ein Teil von Springer Nature 2019
C. Lehner, S. Weihe, *Zwischen Achtsamkeit und Pragmatismus*,
https://doi.org/10.1007/978-3-662-58915-1_2

So finden Sie Zugang zu Ihren inneren Ressourcen und Kraftquellen:

1. Machen Sie sich immer wieder bewusst: Ihr Wert ist unabhängig von Ihren Leistungen, Ihre Würde ist auch in Krisensituationen unantastbar.
2. Verankern Sie Bilder in Ihrem Inneren, die mit einer Situation verknüpft sind, in der Sie sich wertvoll, kraftvoll und in Ihrer Mitte gefühlt haben.
3. Benennen Sie Ihre persönlichen Sicherheitsinseln und halten Sie sich regelmäßig dort auf. Pflegen und stärken Sie Ihre Ressourcen und Kraftquellen.
4. Machen Sie sich bewusst: Das Leben ist in ständiger Bewegung – es geht um eine Meta-Balance, also die Kunst, auch dann mit sich in Frieden zu sein, wenn es gerade einmal nicht so gut läuft.

Was gibt uns mentale Stärke? Welche Haltungen, Techniken, Menschen und Orte sind die Leuchttürme, die uns Sicherheit und Orientierung geben? In diesem Kapitel möchten wir dazu Anregungen geben.

## 2.1 Mit sich selbst im Frieden sein: Innere Bilder entscheiden

» Wir sollten spüren, dass wir eine göttliche Würde haben – ob uns nun die Menschen loben oder tadeln. (unbekannt)

Innere Bilder prägen unser Leben

Gut dastehen, super drauf sein, auf Anschlag durchgetaktet sein – ein erfolgreicher Lebensentwurf ist in unserer Kultur ständig an Bedingungen geknüpft. In diesem Kapitel möchten wir Sie einladen, diese Bedingungen zu hinterfragen. Wir möchten aufzeigen, worauf Sie sich stattdessen beziehen könnten, wenn eine Situation Sie „ins Schwitzen" bringt, und wie Sie mehr mit sich selbst in Frieden kommen können. Zunächst wieder ein wenig Hintergrundinformationen aus der Hirnforschung:

» „Wie die Hirnforscher in den letzten Jahren zeigen konnten, ist die Art und Weise, wie ein Mensch denkt, fühlt und handelt, ausschlaggebend dafür, welche Nervenzellverschaltungen in seinem Gehirn stabilisiert und ausgebaut (…) werden. Deshalb ist es alles andere als belanglos, wie die inneren Bilder beschaffen sind, die sich ein Mensch von sich selbst macht, von seinen Beziehungen zu anderen (…) und nicht zuletzt von seiner eigenen Fähigkeit, sein Leben nach seinen Vorstellungen zu gestalten." (Hüther 2005)

Daraus ergeben sich folgende Fragen: Wie beziehen Sie sich auf sich selbst und auf andere? Welche inneren Bilder prägen Ihren Umgang mit den Herausforderungen des Alltags? Schon während der Schwangerschaft im Mutterleib und später im Verlauf unserer Sozialisation werden unsere Nervenverschaltungen geprägt. Fühle ich mich willkommen und grundsätzlich wertgeschätzt? Ist die Welt ein guter Ort, in dem meine Bedürfnisse und Grenzen respektiert werden? Die ersten Jahre unseres Lebens prägen unser Selbstbild und damit die Wahrnehmungsfilter, mit denen wir Menschen und Situationen begegnen. Die im ersten Kapitel beschriebene „Kultivierung unseres Bewusstseins" versetzt uns in die Lage, diese Bilder – und die damit verbundenen Einstellungen – bewusst wahrzunehmen, konstruktiv zu nutzen oder auch – an den Stellen, die uns eher blockieren – zu verändern. Die gute Nachricht dabei: Unser Gehirn ist ein Leben lang veränderbar. Und auch in nicht so bilderbuchmäßig verlaufenden Biographien gibt es Kraftquellen, die uns dabei unterstützen. Eine unserer Coaching-Klientinnen konnte sich anfangs nur an negative Bilder aus ihrer Kindheit erinnern. Auf mehrfache Nachfrage allerdings erinnerte sie sich an einige sehr innige und schöne Momente mit ihrer Großmutter – eine wichtige Ressource, die ihr bis dahin nicht (mehr) bewusst war. Die vielzitierte „schlechte Kindheit" ist kein Hinderungsgrund für ein erfülltes Leben. Ein paar wenige schöne, geborgene, besondere Momente können – in den Fokus gerückt – ein anderes, kraftspendendes Selbstbild bewirken.

Auch gute Momente aus der jüngeren Vergangenheit können uns stärken.

Kraftquellen in der Biographie

Überlegen Sie ein paar Momente: Wann fühlen Sie sich so richtig wertvoll und zufrieden? Welche konkreten Bilder und Erinnerungen tauchen auf?

_______________________________________________

_______________________________________________

Nach einem Erfolg im Job, nach einer sportlichen Herausforderung oder an einem besonders schönen Platz im Urlaub oder vielleicht auch am Wochenende, als sie gemütlich auf dem Balkon mit lieben Menschen in der Sonne saßen und eine Tasse Kaffee tranken. Wie haben Sie sich in diesem Moment gefühlt? Einfach rundherum wohl, stolz auf sich und verbunden mit dem Leben? Ein stimmiges Gefühl – Sie befanden sich ganz in der eigenen Mitte; ein Gefühl, das man am liebsten für immer festhalten möchte.

Doch schon stellt uns das Leben (oder wir selbst) das nächste Päckchen mit Herausforderungen vor die Tür. Das gute Gefühl ist kein Dauerzustand, und manchmal verbringen wir eine Menge Zeit damit, ihm hinterherzujagen und es wiederzufinden. Immerzu sind wir auf der Suche nach dem nächsten Kick oder Erfolgserlebnis, das uns glücklich macht: ein angenehmes

**2**

Erlebnis, ein toller Erfolg, eine neue Liebe oder auch eine aufregende Reise – in all diesen Dingen und Ereignissen suchen wir unser Glück und finden es auch – aber oft leider nicht für lange. Nur eine kurze (oder auch längere) Weile sind wir „wunschlos" glücklich, dann gehen wir von neuem auf die Suche. Der Glückszustand hält nicht wirklich an – der Alltag holt uns wieder ein, eine harsche Kritik schlägt sich auf die Stimmung oder die neue Liebe bekommt die ersten Kratzer.

Warum werden unser Glück und unser Wohlgefühl so schnell wieder getrübt? Das hat damit zu tun, dass wir es allzu oft von äußeren Umständen abhängig machen: Wenn ich den ersehnten Job bekomme, dann bin ich glücklich. Wenn ich mir nur endlich diese Traumreise leisten kann, dann geht's mir gut. Wenn ich mich nur einmal wieder richtig verlieben würde, dann wäre mein Leben perfekt. „Erfüllungsglück", das nur eintritt, wenn ein Wunsch wahr wird, erzeugt aber eben nur vorübergehend einen guten hormonellen Cocktail im Gehirn.

**In sich zu Hause sein**

Cocktails bereichern Ihre (Lebens-)Party, aber die Grundlage einer gelungenen Party ist Ihre Grundstimmung als Gastgeber – die Fähigkeit, in Frieden mit sich und der Welt zu sein, jenseits von Erwartungen, Erfolgen, Leistungen. Einfach zu spüren, dass Sie wertvoll und einzigartig sind. Das klingt vielleicht ungewohnt, vielleicht auch ganz banal, doch vielen Menschen in unserer Leistungsgesellschaft ist dies häufig nicht bewusst. Stattdessen haben wir schon früh erfahren, dass wir etwas leisten müssen, um die Anerkennung unserer Eltern, Klassenkameraden oder der Gesellschaft zu bekommen, und wir haben uns über gute Noten, gutes Aussehen oder sportliche Erfolge definiert. Alles „nice to have", aber es sagt nichts über unseren wirklichen Wert als Mensch aus. Kleine Kinder haben dazu oft noch einen guten Zugang, sie strahlen wie ein kleiner Buddha und freuen sich an ihrem „So-sein". Auch als Erwachsene ist uns dies möglich – wir finden es nur einfach ungewohnt, weil wir es verlernt haben und unseren Blick oft zu sehr nach außen richten. Sie erinnern sich sicherlich an eine Situation, in der Sie dieses schöne Gefühl, ganz „in sich zuhause" zu sein, tief in sich selbst erfahren haben: auf einem Berggipfel, an einem schönen Platz in der Natur oder einfach bei einer Tasse Tee auf Ihrer Couch. Sich bedingungslos angenommen zu fühlen – auch von sich selbst, das ist meist die größte Herausforderung – jenseits von Erwartungen, Ansprüchen und Urteilen anderer, auch mit unseren Macken, Kanten und Schwachstellen. *Empfindungsglück* – im Gegensatz zum oben beschriebenen *Erfüllungsglück* – ist die Fähigkeit, jenseits von Lob und Kritik, von Leistung und Erfolgen Ihre innere Würde zu spüren.

**Würde als Kompass**

Gerald Hüther nennt Würde einen inneren Kompass, den jeder Mensch in sich auffinden und weiterentwickeln kann. Dieser Kompass hilft dabei, sich in der Vielfalt von Anforderungen und Angeboten orientieren zu können: „Es geht dabei um eine innere Vorstellung davon, was für ein Mensch jemand sein will. Für diese Orientierung-bietende, vor jeder Art von Durcheinander im Hirn schützende Vorstellung gibt es diesen wunderbaren, wenngleich fast schon vergessenen Namen: Würde, Dignitas, Dignite, Dignidad, Dignity" (Hüther, Quelle: ▶ https://www.wuerdekompass.de/).

Sich der eigenen Bedeutsamkeit bewusst sein – dazu eine konkrete Übung.

**Wertvoll aus mir selbst heraus**

Öffnen Sie Ihre linke Hand und legen Sie die rechte Hand darauf. Spüren Sie nun bewusst Ihre linke Hand: Sie symbolisiert Ihren Wert. Dieser Wert ist unantastbar, einfach weil Sie so sind, wie Sie sind, mit all Ihren Stärken und Schwächen. Ihre Würde als „Kind Gott" oder – wenn Sie religiöse Begriffe nicht mögen – einfach Ihr innerstes Wesen als einzigartiger Teil dieser Welt.

Nehmen Sie dann bewusst Ihre rechte Hand wahr: Sie symbolisiert Ihre Leistungen, Ihre positiven Eigenschaften, Talente, Begabungen, alles, was Sie auszeichnet – aber auch Ihre Schwachstellen, „Macken", Eigenarten und Dinge, die Sie nicht so gerne an sich mögen. Kurz gesagt: Ihre rechte Hand steht für Ihre Persönlichkeit, Ihre Erfolge und Misserfolge.

Nun heben Sie die rechte Hand und unterbrechen den Kontakt der Hände. Machen Sie sich bewusst: So wie die beiden Hände nun voneinander getrennt sind, so hat auch das, wofür die Hände in dieser Übung stehen, nichts miteinander zu tun. Ihr Wert wird durch Ihre Leistungen und Erfolge nicht verbessert, ebenso wie er durch Ihre Misserfolge nicht geschmälert wird. So, wie Sie sind, sind Sie wertvoll – wie entlastend wäre es, immer öfter in diesem Gefühl verankert zu sein.

Legen Sie nun die Hände wieder ineinander und stellen Sie sich Folgendes vor: Die linke Hand, Ihr Wesen, Ihr Wert, ist der Boden, auf dem Sie sich bewegen; die rechte Hand dagegen repräsentiert Ihre Erfolge und Lernerfahrungen im Leben. Die Hände können sich begegnen, die linke Hand kann die rechte tragen – aber die linke Hand, der Wert, ist unantastbar.

Unantastbarer Wert

Die Generation der Babyboomer hat ihre Lektion meist gelernt: Als wichtigstes Ziele geben sie für ihre Kinder häufig Selbstwert und Autonomie an, junge Menschen sind in ihrem Wert bestärkt worden. Doch wie so oft schlägt bei einer Veränderung das Pendel manchmal in die entgegengesetzte Richtung um. Kennen Sie auch Situationen, in denen Erwachsene über ein gekritzeltes Bild ihres Sprösslings in Begeisterung ausbrechen, als hätten Sie einen Picasso vor sich? Für die ganz Kleinen ist das ok, aber später ist ein ehrliches Feedback hilfreicher – ohne die Person abzuwerten, auf die Sache oder das Verhalten bezogen. Nur so kann man lernen, im eigenen Wert verwurzelt zu bleiben, auch wenn „Picasso-Jubel" ausbleibt.

**Finden Sie Ihre Kraftquellen**
Wie sieht es bei Ihnen aus? Überlegen Sie einen Augenblick und schreiben Sie dann Folgendes auf:

Was gibt Ihnen Halt in Ihrem Leben? Was lässt Sie schwierige Situationen, Stress, Kritik oder Anfeindungen unbeschadet überstehen?

## 2.2 Im Zentrum des Wirbelsturms: Die 8 C's der Selbstführung

Eine ganz konkrete Anleitung, wie wir uns mit unserem unantastbaren Wert und unserer Würde verbinden können, zeigt Richard C. Schwartz (2008) in seinem Konzept über die innere Familie.

Er benennt acht Zugänge, die uns dabei unterstützen, uns mit „uns selbst", mit unserer Mitte zu verbinden, wir haben sie in Anlehnung an Schwartz in der folgenden Übung beschrieben. Unser Vorschlag: Gehen Sie die Liste der „acht Qualitäten" durch und machen Sie sich dazu Notizen: Wann habe ich dieses Gefühl schon einmal gehabt? Welche Erinnerungen tauchen auf? Halten Sie zwei oder drei konkrete Situationen auf Ihrem Lebensweg fest, die Ihnen beim Lesen der acht Qualitäten in Erinnerung kommen.

Qualitäten der
Selbstführung

**Die Qualitäten des Selbst: die 8 C's der Selbstführung**
**Ruhe (calmlessness)**
Ich spüre innere Ruhe, reagiere weniger automatisch auf die Umgebung, ich kann in mir ein „Zentrum im Wirbelsturm" wahrnehmen

**Klarheit (clarity)**
Ich habe die Fähigkeit, Situationen ohne Verzerrung durch extreme Überzeugungen oder Gefühle wahrzunehmen.

**Neugierde (curiosity)**
Ich kann mich und andere mit Interesse anschauen, ohne schnelle
Wertung und vorschnell zu urteilen.

---

---

**Mitgefühl (compassion)**
Jenseits von Mitleid (ich bin froh, dass ich nicht der andere bin)
und zu starkem Einfühlen (ich bin zu identifiziert mit dem Leid
des anderen und will helfen) kann ich mich in den Anderen
einfühlen und vertraue, dass er selbst die Ressourcen hat, die
Situation anzugehen

---

---

**Zuversicht (confidence)**
Ich vertraue darauf, dass ich okay bin („in unser gesegnet sein",
Richard Schwartz) – egal was mein Gegenüber behauptet.

---

---

**Mut (courage)**
Ich benenne Ungerechtigkeit, bin stark – ohne zu richten. Ich
erkenne eigene Fehler und kann dazu stehen

---

---

**Kreativität (creativity)**
Ich spüre meine Intuition und innere Weisheit, meine Kreativität
kann fließen.

---

---

**Verbundenheit (connectedness)**
Ich spüre meine zunehmende Verbindung zu anderen Menschen
und der Schöpfung

---

---

**2**

Welche Situationen sind Ihnen eingefallen? Welche inneren Bilder tauchen dazu auf? Stellen Sie sich diese Bilder so konkret wie möglich vor. Vielleicht gibt es ein Foto dazu oder Sie suchen sich aus dem Internet ein passendes Bild, das diese Qualität für Sie ausdrückt. Nutzen Sie das Bild beispielsweise als Bildschirmschoner und so als „Anker" für Ihr Gehirn, um sich in der nächsten schwierigen Situation an den guten Moment zu erinnern.

Weshalb ist es so wichtig, mit konkreten Bildern zu arbeiten? Bilder sind die Sprache des Gefühlshirns: Sie erinnern sich, hier sitzt der Vorstand im Gehirn, hier werden letztlich die Entscheidungen gefällt. Es macht Sinn, diesen Vorstand in der Sprache anzusprechen, die für ihn verständlich ist.

Ein anschauliches Beispiel aus der Reiter-Ausbildung haben wir in dem Buch „Jeder Gedanke ist eine Kraft" von Nicole Künzel (2015) gefunden. Der Reitausbilder Heuschmann sagt darin:

» „Ich liebe es, mit inneren Bildern zu arbeiten. Einem Reiter zu sagen, er möge mit gefühlvollen Händen reiten, mag fachlich richtig sein. Das berühmte Bild, das Hans-Heinrich Isenbart seinen Reitern mitgab, dass sie sich vorstellen mögen, ein kleines Vögelchen in der Hand zu halten, das nicht zerdrückt werden dürfe, ist weitaus wirkungsvoller und hat viel mehr Kraft, denn jeder weiß, wie empfindlich ein so kleines und zartes Lebewesen ist." (Heuschmann 2015)

Dies ist ein schönes Beispiel dafür, wieviel leichter es uns fällt, Handlungen umzusetzen, die wir mit Bildern verbinden. Während Ihr Großhirn noch versucht, die Verschaltung im Gehirn für „gefühlvolle Hände" zu finden, ist das Gefühlshirn schon lange im wahrsten Sinne des Wortes „im Bilde" und findet die stimmige Umsetzung über die konkrete, bildliche Vorstellung. Mit mentaler Stärke ist es genauso. Ein klares inneres Bild von einer früheren Situation, in der Sie Gelassenheit intensiv empfunden haben, wirkt viel schneller und intensiver als alleine der Satz vom Großhirn: „Sei gelassen".

## 2.3  Mentale Stärke: *Top-down* und *Bottom-up*

Mentale Stärke Top-Down und Bottom-Up

Mentale Stärke wurde lange Zeit auf die inneren Dialoge reduziert. „Bleib ruhig", „Du schaffst das" – sogenannte Affirmationen oder Selbstsuggestionen „Top Down", also vom Großhirn zum Gefühlshirn – sind hilfreich, aber sie reichen nicht aus. Das sogenannte „positive Denken" kann sogar kontraproduktiv sein nach dem Motto: „jetzt habe ich mir doch heute 25 mal gesagt, „ich schaffe das" und bin doch wieder total aufgeregt in die Präsentation gegangen". Am besten dann noch eine Schleife in der Selbstabwertung gehen – und schon ist das Selbstwertgefühl trotz aller positiven Gedanken im Keller. Wie wir beim Aufzugmodell in ► Kap. 1 gesehen haben, wird das Großhirn – und damit eben auch solche Affirmationen – unter Druck häufig ausgehebelt, und der schönste Satz ist nicht mehr hilfreich. Die Top-Down-Position des Großhirns ist nur beratend – tatsächlich aber sind wir unwillkürlich bereits in der Etage des Gefühlshirns gelandet. Wie wir gesehen haben, sind innere Bilder die Sprache des limbischen Systems, sie können uns dabei unterstützen, den gewünschten mentalen Zustand (Gelassenheit, Überblick, innere Ruhe …) wieder herstellen bzw. auch in kritischen Situationen abrufen zu können. In der Anleitung der 8 C's haben wir vorgeschlagen, konkrete Bilder und Erinnerungen zu nutzen, da sie eine tiefere Wirkung als Sätze alleine haben. Probieren Sie am besten erst einmal in kleinen stressigen Alltags-Situationen aus, welches innere Bild Ihnen Gelassenheit gibt. Je öfter Sie es trainieren, desto leichter können Sie in wirklich schwierigen Situationen das Bild abrufen und zur Selbststeuerung im Gefühlshirn nutzen.

Ein weiterer „Schalter im Aufzug" ist die Körperhaltung. Dazu möchten wir die Übung „Problemlösungs-Gymnastik" von Gunther Schmidt (2004) vorstellen, eine unglaublich hilfreiche Technik für herausfordernde Situationen. Sie nutzt – neben Bildern – den zweiten wichtigen Zugang zum Gefühlshirn, die Körperkoordination.

> Körperhaltung als „mentaler Schalter"

**Problemlösungs-Gymnastik**
**Schritt 1:** Die Lösungshaltung entwickeln
Probieren Sie aus: Welche Körperkoordination wäre ideal für eine bestimmte herausfordernde Situation (Lösungshaltung)?

*Beispiel:* Bei einer unsachlichen Kritik aufrecht und gut atmend sitzen.

**Schritt 2:**
Wie in einer übertriebenen Pantomime gehen Sie in Zeitlupe in die „Problemhaltung", also die Körperkoordination, die reflexartig auftauchen würde, wenn der Autopilot unter Stress die guten Vorsätze aushebelt.

*Beispiel:* Kopf und Schultern einziehen, Atmung anhalten.

**Schritt 3:**
Sie machen sich noch einmal bewusst, welche typischen Außenreize bisher den Autopiloten aktiviert haben.

*Beispiel:* Die Kollegin Müller aus der Nachbarabteilung kommt mit aggressiver Miene auf Sie zu

**Schritt 4:**
Nun machen Sie folgende Choreographie. Machen Sie sie ruhig mehrmals, so wie Sie auch zehn Kniebeugen am Stück machen würden:

- Sie stellen sich Frau Müller mit ihrer „Killerphrase" so plastisch wie möglich vor.
- Sie gehen pantomimisch und in Zeitlupe in die Körperkoordination der „Problemhaltung".
- Sie gehen daraus in Zeitlupe in die Lösungshaltung.

Wichtig ist: Nur die Wiederholung verankert in Ihrem Gehirn die Brücke von der Problem- zur Lösungshaltung, der Übergang muss quasi automatisiert werden. Üben Sie möglichst oft im „Trockentraining" Ihre Körperkoordination. Ihr Ziel ist die folgende Koppelung im Gehirn:

Immer wenn ich aufgrund einer „Killerphrase" den Kopf einziehe, ist meine unmittelbare Reaktion, mich aufzurichten.

Übrigens: bis die Koppelung automatisiert ist, funktioniert auch „So-tun-als-ob", da die Lösungshaltung Ihre Kompetenzen – vor allem die dazugehörigen neuronalen Netzwerke im Gehirn – aktiviert.

Ein schönes Beispiel für das bewusste Aufrufen von mentaler Stärke hat uns ein Kletterer erzählt, der anspruchsvolle Routen im Fels ohne Seil, also „free solo" bewältigt hat. Er beschreibt folgendes Programm, bevor er in die Kletterwand einsteigt:

**Beispiel**
1. Körpercheck:
   Wie fühlen sich meine Hände an? Spüre ich Kraft in den Händen?
   Bin ich in Balance: kann ich gut auf einem Bein stehen?
2. Gedankencheck:
   Ist mein Kopf „frei"? Kann ich alle störenden Gedanken an andere Dinge beiseite schieben?
3. Gefühlscheck:
   Bin ich emotional in der Lage, evt. schwierige Gefühle für den Moment auszublenden?
4. Visualisieren:
   Im nächsten Schritt stelle ich mir vor, wie ich die ganze Route klettere, Schritt für Schritt, Zug um Zug. vor allem

die sogenannten „Schlüsselstellen", also die besonders
schwierigen Stellen. Ich spüre nach, ob die Kraft für die ganze
Strecke ausreicht bis zum obersten Punkt. Wo kann ich die
Finger ausschütteln, wo mich stabilisieren, wo gibt es einen
Ruhepunkt, an dem ich gut stehe und der Puls sich beruhigen
kann.
5. Der Abschlusscheck bevor ich in die Tour einsteige: habe ich
das Gefühl „ich will", eine gewisse Vorfreude? Wenn ja ok,
super – dann kann es losgehen".

Wie wäre es, wenn Sie sich eine eigene Checkliste vor Herausforderungen anlegen? Beispielsweise:
1. Wie ist meine optimale Körperchoreograpie
2. Was sind gute innere Bilder für einen freien Kopf und eine
konstruktive Gefühlslage?
3. Die Situation visualisieren, also bildlich in meinem inneren
„Heimkino" durchgehen
4. Was ist mein Ziel, wie ist meine Motivation?

## 2.4 Menschen und Orte als Kraftquellen

Sicher ist Ihnen bewusst, welche Menschen, Orte und Tätigkeiten
Ihnen Halt und Kraft geben.

Der Wissenschaftler Reinhard Tausch von der Universität
Hamburg hat in einer Untersuchung zum Thema „Seelischer
Halt und seelische Kraftquellen" nach den Faktoren gesucht,
die Menschen Halt geben, und stellte dabei Folgendes fest: Als
deutlich Halt gebend wurden Partner, Freunde, Familie/Kinder,
religiös-spiritueller Glaube, Natur und Vertrauen in die eigenen
Fähigkeiten genannt. Macht, Status, Prestige oder Karriere wurden dagegen fast nie als Halt gebend empfunden. Welche Menschen im privaten und beruflichen Umfeld sind eine Kraftquelle
für Sie?

Neben dem Angebundensein an Ihren Selbst-Wert und
Ihrem Netzwerk an wichtigen Personen kann es noch weitere
„Inseln der Sicherheit" geben, auf denen Sie zur Ruhe kommen
und wieder neue Kraft tanken können. Das kann ein Lieblings-
platz in der Natur sein oder ein Hobby, das Sie ganz und gar
erfüllt. Wie sehen diese Inseln bei Ihnen aus? Machen Sie dazu
die folgende Übung:

Inseln der Sicherheit

**Übung**
Finden Sie Ihre „Inseln der Sicherheit"

Überlegen Sie einen Augenblick: Was sind Ihre „Inseln der Sicherheit?" Welche Menschen, Orte, Tätigkeiten unterstützen Sie dabei, Kraft zu tanken und Orientierung zu bekommen? Wieviel Raum geben Sie diesen Inseln in Ihrem Leben?

## 2.5 Der Fußballeffekt: Resilienz als psychische Widerstandskraft in Krisen

In den vorigen Abschnitten haben wir gesehen, dass uns die Besinnung auf unseren unantastbaren Wert und das Finden unserer persönlichen Kraftquellen in Krisen Halt und Orientierung geben können. In den letzten Jahren hat das Konzept der „Resilienz" gut beschrieben, was uns bei der Bewältigung von Krisen hilft:

„Erfolg heißt, einmal mehr aufzustehen als hinzufallen." Dieser Spruch von Winston Churchill zeigt: Krisen gehören zu unserem Leben, Rückschläge sind normal. Wir dürfen uns davon nur nicht unterkriegen lassen. Oder anders ausgedrückt: Wer immer Angst hat, auf die Nase zu fallen, kann nur kriechen und kommt nicht vom Fleck.

Doch nicht aufzugeben, immer wieder neu anzufangen – das ist oft leichter gesagt als getan. Nach einem schweren Rückschlag sind wir erst einmal entmutigt und wissen im ersten Moment häufig nicht, woher wir denn nun die Kraft nehmen sollen, um weiterzumachen. Trotzdem – Sie haben das immer wieder geschafft und waren vielleicht im Nachhinein erstaunt über die Kräfte, die Sie in dem Moment mobilisieren konnten.

Was macht uns nun aber in Krisensituationen so widerstandsfähig? Was bringt uns dazu, nicht einfach am Boden liegen zu bleiben, sondern immer wieder aufzustehen? Psychologen haben für diese Kraft den Begriff „Resilienz" geprägt. Er geht auf den aus dem Englischen stammenden technischen Begriff „resilience" zurück, der die Eigenschaft von Werkstoffen bezeichnet, nach starken Verformungen wieder die ursprüngliche Gestalt anzunehmen (in der Umgangssprache auch „Fußballeffekt" genannt). In der Psychologie bedeutet Resilienz die Fähigkeit, unsere eigene Integrität zu schützen und Lebenskrisen zu meistern. Salopp gesagt: Auch wenn wir einen schweren Schlag erhalten haben, der unsere Seele vorübergehend „verformt", finden wir danach wieder zu unserer ursprünglichen Verfassung zurück und können die Krise überwinden. Darüber hinaus haben wir neue Erfahrungen, Kompetenzen und neues Selbstvertrauen gewonnen.

Psychologen aus der Resilienzforschung haben in diesem Prozess sieben Säulen als wesentliche Faktoren ausfindig gemacht (Rampe 2004).

Säulen seelischer
Widerstandskraft

■ **Säule 1 – Zuversicht**

Machen Sie sich bewusst: Keine Krise dauert ewig. Im Gegenteil: Krisen sind zeitlich begrenzt und können überwunden werden.

■ **Säule 2 – Akzeptanz**

Niemand ist vor Rückschlägen und Niederlagen sicher. Es trifft jeden – auch Sie. Akzeptieren Sie also, dass Sie in einer Krise stecken. Leugnen nützt nichts, sondern macht die Situation nur noch schlimmer, weil Sie nichts tun, um wieder auf die Beine zu kommen. Lassen Sie sich Zeit und stehen Sie zu Ihren Gefühlen: Sie sind enttäuscht, wütend, beschämt oder Sie haben Angst. Erst wenn Sie den schmerzlichen oder unangenehmen Tatsachen ins Auge sehen, können Sie die nächsten Schritte unternehmen. Gestehen Sie sich ein: „Ja, ich habe eine Absage, eine Abfuhr bekommen. Ja, die letzte Präsentation war nicht gut vorbereitet. Ja, ich habe eine vertrauliche Information ausgeplaudert.“

■ **Säule 3 – Lösungsorientierung**

Wenn Sie sich erst einmal eingestanden haben, dass Sie in einer Krise stecken, können Sie sich an den nächsten Schritt wagen. Überlegen Sie: Was kann Ihnen helfen, den Stress, der aus der Krise entsteht, zu bewältigen? Welche Lösungsmöglichkeiten gibt es? Halten Sie sich dabei auch das berühmte Gelassenheitsgebet vor Augen: *Gott, gib mir die Gelassenheit, Dinge hinzunehmen, die ich nicht ändern kann, den Mut, Dinge zu ändern, die ich ändern kann, und die Weisheit, das eine vom anderen zu unterscheiden.*

Können Sie also etwas dazu beitragen, um die Situation zu ändern? Und wenn ja, was können Sie konkret tun? Oder müssen Sie stattdessen lernen, sich mit einer Situation, die Sie nicht beeinflussen können, abzufinden? In dieser Phase sind übrigens oft die Sichtweisen anderer wertvoll und hilfreich, um den eigenen Tunnelblick („Jetzt ist alles aus“) abzulegen. Fragen Sie gute Freunde, Angehörige oder andere Personen, denen Sie vertrauen, um Rat. Oft beurteilen diese eine Situation nämlich ganz anders und entdecken Wege und Möglichkeiten, die Sie zunächst übersehen haben.

### ▪ Säule 4 – Die Opferrolle verlassen

Wenn wir mitten in einer Krise stecken, baden wir nur zu gerne in Selbstmitleid: „Warum ist gerade mir das passiert? Das ist ungerecht, das habe ich nicht verdient! Aber ich bin ja selbst schuld, hätte ich doch nur nicht …" Selbstmitleid, Anschuldigungen oder Selbstanklagen – manchmal tun sie zwar ganz gut, bringen uns jedoch keinen Schritt weiter, denn unsere Gedanken kreisen um Dinge, auf die wir keinen Einfluss mehr haben. Also: Raus aus der Opferrolle! Atmen Sie tief durch und konzentrieren Sie sich auf das, was Sie in der jetzigen Situation konkret tun können. Überlegen Sie, was Ihr Anteil daran ist, und gehen Sie dann weiter, anstatt noch lange zu hadern.

### ▪ Säule 5 – Verantwortung übernehmen

Verantwortung übernehmen

Denken Sie daran: Sie sind nicht verantwortlich für das, was das Leben Ihnen vor die Haustüre stellt, aber Sie selbst sind Gestalter Ihrer Gedanken und Ihrer Verhaltensweisen im Umgang mit den Hürden des Lebens. In Krisen sind vor allem zwei Dinge wichtig: Wir müssen zwar für das eigene Verhalten und auch für die eigenen Fehler geradestehen, gleichzeitig aber dürfen wir uns nicht zum Sündenbock machen lassen. Stellen Sie vor sich selbst und vor anderen klar, wofür Sie verantwortlich sind und wofür nicht.

### ▪ Säule 6 – Netzwerkorientierung

Studien zur Resilienz zeigen: Ein stabiles soziales Umfeld trägt Sie über Krisen hinweg. Vernachlässigen Sie Ihren Freundeskreis, Ihre Familie und Ihre Hobbys nicht, pflegen Sie Ihr soziales Netz auch in guten Zeiten, damit Sie in schlechten Zeiten dann dort Halt finden. Und scheuen Sie sich nicht, um Hilfe zu bitten. Versuchen Sie in einer Krisensituation gar nicht erst, die Situation im Alleingang zu lösen, sondern wenden Sie sich an die richtigen Personen.

### ▪ Säule 7 – Zukunftsplanung

Die Kunst ist es, bewusst im Moment zu leben – und sich immer wieder einmal zu hinterfragen: Was sind Ihre Visionen, was sind Ihre Ziele? Was müssen Sie tun, um das zu erreichen, was Sie sich wünschen? Welche Alternativen könnten Sie sich noch vorstellen? Und immer wieder: Sind die Ziele, die Sie sich gesteckt haben, überhaupt noch aktuell? Passen sie noch zu Ihrer Lebensplanung? Oder sind in der Zwischenzeit Umstände eingetreten, die eine Anpassung Ihrer Ziele erfordern?

## 2.6 „Krönchen richten": Meta-Balance als Kernkompetenz

In der eigenen Mitte sein, verbunden mit den eigenen Werten – in den vorherigen Abschnitten haben wir Impulse gegeben, wie Sie sich im Alltag immer wieder darauf ausrichten können.

Die aktuelle Literatur suggeriert, dass wir IMMER gelassen, glücklich, erfolgreich sein könnten. „Smile or die" – Glück wird zum Daueranspruch, und wer gerade nicht glücklich ist, zweifelt leicht an sich selbst.

Wir selbst sind eher inspiriert vom hypno-systemischen Ansatz, in dem Gunther Schmidt (Ringvorlesung) ein schönes Bild für ein erfülltes Leben aufzeigt: „der Tanz zwischen Anspruch und Realität – jenseits der permanenten Wow-Kultur". (Schmidt, Ringvorlesung). Er schlägt vor, sich auf eine „Meta-Balance" auszurichten. Dabei geht es darum, wie Sie mit sich selbst auch dann in Frieden sein können, wenn Sie sich grad mal nicht so fühlen, wie es im neuesten Glücks-Ratgeber steht. Das Anerkennen unserer Grenzen, unserer Endlichkeit, unserer Fehlentscheidungen und Durchhänger ist aus dieser Sicht genauso wichtig für ein erfülltes Leben wie die Fähigkeit, immer wieder Glückserleben anstreben zu können. Vielleicht probieren Sie ja einfach einmal bei der nächsten Diskussion, wer jetzt gerade mal wieder den höchsten Glücksquotienten vorweisen kann, wie es sich anfühlt, *nicht* mithalten zu müssen.

Diese Meta-Balance beschreibt Gunther Schmidt (Ringvorlesung) mit den Worten:

> **»** „Sich In Balance erleben – aus der Balance geraten zu sein
> Den eigenen und fremden Erwartungen gerecht zu werden-
> Und ihnen dann auch
> mal wieder nicht gerecht zu werden;
> Zufrieden mit sich zu sein – nicht zufrieden mit sich zu sein;
> Allem gerecht werden zu wollen- Gerade nicht allem gerecht
> werden zu müssen
> Sich auch mal anzutreiben (gerne auch mal perfektionistisch) –
> und dann wieder liebevoll tröstend mit sich umzugehen,
> wenn man nicht allem gerecht wurde.

Stellen Sie sich vor, Sie würden öfter mal so mit sich selbst umgehen – nicht (so lange) mit sich hadern, wenn etwas schief gelaufen ist, sondern „die Krone vom Boden aufheben und sie wieder richten", durchatmen, die schwierigen Gefühle als zugehörig zu einem Leben annehmen, das in ständiger Bewegung ist. Oder auch mal das Krönchen liegen lassen und „das Leben rocken" … Im besten Fall vielleicht sogar über sich selbst lachen können und sich vor den Stürmen des Lebens mit Demut verneigen.

**2**

## Literatur

Heuschmann G, zitiert in: Künzel N (2015) Jeder Gedanke ist eine Kraft. Frankh-Kosmos-Verlags-GmbH, Stuttgart, S 19

Hüther G (2005) Die Macht der inneren Bilder. Vandenhoeck & Ruprecht, Göttingen

Hüther G. Quelle: ▶ https://www.wuerdekompass.de/

Rampe M (2004) Der R-Faktor Das Geheimnis unserer inneren Stärke. Eichborn Verlag

Schmidt G (2004) Liebesaffaren zwischen Problem und Lösung. Carl-Auer, Heidelberg, S 75

Schmidt G Ringvorlesung ▶ https://www.klinikum.uni-heidelberg.de/fileadmin/Psychosomatische_Klinik/Ringvorlesung/Hypnosystemische_Strategien_handout.pdf

Schwartz RC (2008) IFS Das System der inneren Familie. Books on DemandGmbH, Norderstedt, S 40 ff.

Tausch R „Seelischer Halt und seelische Kraftquellen". Universität Hamburg/ Untersuchung zum Thema ▶ https://www.gwg-ev.org/sites/default/files/tausch.pdf

# „Meine Fährte finden" – Spurensuche durch Sinn und Werte




© Springer-Verlag GmbH Deutschland, ein Teil von Springer Nature 2019
C. Lehner, S. Weihe, *Zwischen Achtsamkeit und Pragmatismus*,
https://doi.org/10.1007/978-3-662-58915-1_3

**3**

1. Die Frage nach dem Sinn und den Werten im Leben hat einen großen Einfluss darauf, ob wir unser Leben als erfüllend und konstruktiv empfinden.
2. Werte sind das Fundament unseres menschlichen (Zusammen-)Lebens. Sie geben unserem Handeln eine Richtung, leiten uns und steuern unsere Entscheidungen.
3. Das Bewusstsein um unsere Vision und unsere Werte geben uns Halt und Orientierung und können uns in schwierigen Zeiten als Richtschnur dienen.

## 3.1 „Seesterne sammeln": Die Frage nach dem Sinn im Leben

» „Wer um einen Sinn seines Lebens weiß, dem verhilft dieses Bewusstsein mehr als alles andere dazu, äußere Schwierigkeiten und innere Beschwerden zu überwinden!" (Viktor Frankl)

Für den inneren Halt in bewegten Zeiten ist das Bewusstsein dafür wichtig, was Sie in Ihrem Leben sinnvoll und wertvoll finden. Was würden Sie antworten, wenn jemand Sie fragt: Wofür brennen Sie? Was ist Ihnen wirklich wichtig?

Was dem Leben Sinn gibt

Dazu eine kleine Geschichte:

**Seesterne retten**

» Ein kleiner Junge geht über einen Strand, auf dem Tausende von Seesternen liegen. Alle paar Meter bückt er sich, hebt einen Stern auf und wirft ihn ins Wasser. Ein Mann, der den Jungen dabei beobachtet, geht kopfschüttelnd auf ihn zu und fragt: „Was tust du da?"
„Ich rette Seesterne", antwortet der Junge.
„Aber das ergibt doch überhaupt keinen Sinn", entgegnet der Mann verwirrt. „Welchen Unterschied macht es in Anbetracht der Tausenden anderen Seesterne, wenn du einen davon ins Meer zurück wirfst?"
„Für diesen einen macht es einen Unterschied", meint der Junge trocken, während er einen weiteren Seestern ins Meer zurückwirft. (Kaltenegger 2018)

Wie wir im vorherigen Kapitel aufgezeigt haben, ist das Angebundensein an unseren inneren, unantastbaren Wert und unsere Würde eine wichtige Kraftquelle und Orientierung. Wenn wir uns *wert-voll* fühlen, haben wir einen sicheren Bezugspunkt bei Umbrüchen, Kritik, Misserfolg. Die Frage ist nun: Wofür setze ich mein *Wert-voll-Sein* ein in dieser Welt und welche Werte leiten mich dabei?

Dies ist eine gewichtige, *sinn-volle* Frage, die immer wieder einmal der Muße und Besinnung bedarf. Werte haben sich über lange Zeit entwickelt und bilden einen Teil unserer Persönlichkeit. Läuft es in unserem Leben einmal nicht so glatt, so können sie wie eine Richtschnur als Orientierungshilfe dienen und uns in die richtige Richtung lenken. In den folgenden Abschnitten geht es um Fragen wie: Was hat Sie geprägt? Was ist Ihnen heute wirklich wichtig? Welche Überzeugungen leiten Ihr Denken und Handeln? Und: Wie setzen Sie diese konkret in Ihrem Alltag um?

Die Psychologin Tatjana Schnell zeigt in ihrem Buch „Psychologie des Lebenssinns" (2016), dass das Wort „Sinn" ursprünglich „eine Richtung nehmen, eine Fährte suchen" bedeutet. Es gibt also nicht DEN universell gültigen Sinn DES Lebens, sondern vielmehr ist es die Herausforderung für jeden einzelnen, den eigenen Sinn IM Leben immer wieder neu festzulegen, er ist dynamisch und veränderbar. Was früher einmal selbstverständlich war und von Generation zu Generation überliefert wurde, ist heute immer wieder neu zu definieren und zu überprüfen.

Mit ihrer Forschungsgruppe hat Schnell ein Modell geschaffen, das es ermöglicht, persönliche Sinnquellen zu erkunden. Unterteilt in 5 Dimensionen zeigt sie in 26 Lebensbedeutungen auf, wie die befragten Menschen ihren Sinn im Leben beschrieben haben:

Die fünf Dimensionen der Sinnquellen sind:

5 Dimensionen mit 26 Lebensbedeutungen

**Dimension 1: Selbsttranszendenz – vertical**

| | |
|---|---|
| Explizite Religiosität | Persönliche Gottesbeziehung |
| Spiritualität | Orientierung an anderer Wirklichkeit |

**Dimension 2: Selbsttranszendenz – horizontal**

| | |
|---|---|
| Soziales Engagement | Aktives Eintreten für Gemeinwohl oder Menschenrechte |
| Naturverbundenheit | Einklang und Verbundenheit mit der Natur |
| Selbsterkenntnis | Suche nach und Auseinandersetzung mit dem Selbst |
| Gesundheit | Erhalt und Förderung von Fitness und Gesundheit |
| Generativität | Tun oder Erschaffen von Dingen mit bleibendem Wert |

**Dimension 3: Selbstverwirklichung**

| | |
|---|---|
| Herausforderung | Suche nach Neuem, Abwechslung und Risiko |
| Individualismus | Individualität und Ausleben von Potentialen |

| | |
|---|---|
| Macht | Kampf und Dominanz |
| Entwicklung | Zielstrebigkeit und Wachstum |
| Leistung | Kompetenz und Erfolg |
| Freiheit | Ungebundenheit und Selbstbestimmung |
| Wissen | Hinterfragen, informieren und verstehen dessen, was ist |
| Kreativität | Phantasie und schöpferische Gestaltung |
| **Dimension 4: Ordnung** | |
| Tradition | Festhalten an Ordnung, Bewährtem und Gewohntem |
| Bodenständigkeit | Pragmatismus und Anwendungsbezug |
| Moral | Orientierung an klaren Richtlinien und Werten |
| Vernunft | Abwägung und Rationalität |
| **Dimension 5: Wir- und Wohlgefühl** | |
| Gemeinschaft | Menschliche Nähe und Freundschaft |
| Spaß | Humor und Vergnügen |
| Liebe | Romantik und Intimität |
| Wellness | Wohlgefühl und Genuss |
| Fürsorge | Fürsorglichkeit und Hilfsbereitschaft |
| Bewusstes Erleben | Achtsamkeit und Rituale |
| Harmonie | Ausgewogenheit und Gleichklang mit sich selbst und anderen |

Wo finden Sie sich wieder? Tatjana Schnell konnte mit ihrem Team nachweisen, dass die Sinnerfüllung umso höher ist, je mehr Sinnquellen ein Mensch ausschöpft. Unser Vorschlag ist: Benennen Sie die drei Hauptmotive aus den 26 Lebensbedeutungen, die Sie spontan am meisten ansprechen und prüfen Sie, ob und wie sich das im Ihrem Alltag widerspiegelt.

**Übung**

Selbstreflexion: Aus welchen Sinnquellen schöpfe ich Kraft?
Welche der oben genannten Lebensbedeutungen treffen auf
mich zu?

______________________________________________

______________________________________________

______________________________________________

Interessant finden wir vor allem auch folgende Aussage der Sinnforscherin: „Sinnerfüllung heißt, das zu tun, was man richtig findet, und nicht das zu tun, was angenehm ist." Das klingt erst einmal ungewohnt, doch in ihrem Beispiel wird das konkret und nachvollziehbar:

**Beispiel**

Frau X ist bei Besprechungen immer ganz schnell dabei, sich die leichtesten Aufgaben zu schnappen. Erst einmal fühlt sich das für sie gut an: Die Kollegen rackern, während sie mit der Routine ein leichtes Spiel hat. Auf Dauer allerdings merkt sie: Die Kollegin Y bearbeitet interessantere Aufgaben, sie wird von der Chefin mehr wahrgenommen, eignet sich neue Kompetenzen an – und ist zufriedener (nach Schnell 2014).

## 3.2 Werte als Kompass: Die Richtschnur in uns

Lebenssinn, Werte und Überzeugungen zu kennen und im Einklang mit ihnen zu handeln ist eine Grundvoraussetzung, um souverän und gelassen zu bleiben. Dazu gehört auch die Fähigkeit zu prüfen: Welche Werte haben Sie im Verlauf Ihrer Biographie übernommen? Welche davon sind wirklich heute noch für Sie gültig? Und schließlich: Welche Werte und Glaubenssätze steuern Sie unwillkürlich, also ohne dass es Ihnen tatsächlich bewusst ist?

*Im Einklang mit den eigenen Überzeugungen*

Was wir tun und lassen, gut oder schlecht finden, als wichtig oder unwichtig betrachten, wird – bewusst und vor allem auch unbewusst – zu einem wesentlichen Teil von unseren Erfahrungen und den daraus entstandenen Werten bestimmt.

» Wir erzeugen zwar nicht unser Leben selbst, aber im Wesentlichen unser Er-Leben. (Gunther Schmidt)

Welchen Einfluss haben Werte nun im Einzelnen auf unser Leben? Wie wirken Sie sich auf unsere Erfahrungen im Berufsleben und im Alltag aus?

*Werte prägen unser Leben*

Werte beeinflussen unsere Wahrnehmung.

Unsere erlebte Wirklichkeit wird ständig konstruiert und an unsere Werte angepasst.

**Beispiel**

Für Sebastian hat Zuverlässigkeit einen sehr hohen Wert. Sein Kollege Volker ist dagegen eher ein kreativ-chaotischer Typ, der Vereinbarungen schon einmal übersieht – nicht absichtlich, sondern weil er einfach „anders tickt" als Sebastian. Unwillkürlich fühlt sich Sebastian von Volker in seinem Wertesystem angegriffen und verletzt: „Der nimmt mich nicht ernst", ist sein Gefühl, „er hält sich nicht an unsere Vereinbarungen."

Auch hier geht es – wie beim Thema Achtsamkeit – um die Entwicklung einer „Meta-Perspektive". Es wäre sinnvoll, wenn die beiden sich grundsätzliche Gedanken machen würden über ihre Form der Zusammenarbeit – wenn sie also konkret darüber reden würden, wie sie mit den unterschiedlichen Denk- und Verhaltensweisen konstruktiv umgehen möchten.

### Beispiel

Konkret: Sebastian und Volker klären, worauf es ihnen bei ihrer Zusammenarbeit ankommt und was jeder von ihnen dazu beitragen kann, dass es reibungsloser funktioniert. Sebastian weist Volker ohne Vorwurf darauf hin, dass Zuverlässigkeit für ihn einen hohen Stellenwert hat und dass es ihn gegenüber den anderen Abteilungen in Schwierigkeiten bringt, wenn Zusagen oder Termine nicht eingehalten werden. Dies ist für Volker nachvollziehbar, gleichzeitig kann er Sebastian auch Beispiele aufzeigen, in denen seine Kreativität die Ergebnisse und den Ruf der Abteilung klar verbessert hat. Auf Grund der Klärung bemüht er sich in Zukunft, Verabredungen einzuhalten, um die gute Zusammenarbeit nicht zu gefährden. Sebastian versteht dagegen besser, dass Volker ihn nicht ärgern will, wenn er wieder mal in Verzug ist. Er nimmt sich vor, bei für ihn sehr wichtigen Terminen vorsichtshalber einen Tag vorher noch einmal bei Volker nachzuhaken.

Werte beeinflussen unser Wohlbefinden.

Wie so vieles verläuft auch der Prozess der Bewertung in der Regel im Alltag eher unbewusst, der Autopilot steuert die meiste Zeit. Unser gesamtes Handeln wird von unseren Werten beeinflusst, doch meistens bekommen wir das gar nicht mit. Wie sehr sich unsere Werte auf unser Wohlbefinden auswirken merken wir oft erst dann, wenn wir nicht im Einklang mit ihnen handeln.

### Beispiel

Für unsere Coaching-Klientin Karin hat Ehrlichkeit einen hohen Stellenwert. Nichts kränkt sie mehr als belogen zu werden.
Nun bittet ihre Vorgesetzte sie kurzfristig, heute Abend etwas länger im Büro zu bleiben – doch Karin ist bereits direkt nach der Arbeit mit einer Freundin verabredet und hat sich sehr auf dieses Treffen gefreut. Freundschaft und Zuverlässigkeit sind ihr ebenfalls sehr wichtig. So erwidert sie spontan: „Ich habe heute leider noch einen wichtigen Arzttermin." Zunächst ist sie erleichtert, als die Chefin Verständnis zeigt, aber sie kann das Treffen mit der Freundin dann nicht wirklich genießen – die „Notlüge" setzt ihr dann doch zu.
Auch wenn sie dem Wert der Zuverlässigkeit in Freundschaften treu geblieben ist, war sie nicht im Einklang mit ihrer Wahrheitsliebe, was zu Selbstvorwürfen in ihr führt („du bist feige und dir nicht treu geblieben…").

In der nächsten Coaching-Sitzung spricht Karin das Thema an und erkennt, welcher innere Anteil (vgl. auch Kap. I-4) Angst davor hat, die Anerkennung der Chefin zu verlieren wenn sie sich abgrenzt. Sie lernt, diesem Teil mit Verständnis zu begegnen statt mit Abwertung und sieht die Situation als Herausforderung, sich weiter zu entwickeln und mehr für sich einzustehen.

Werte machen uns authentisch.

Wer im Einklang mit seinen Werten lebt, fühlt sich nicht nur wohler, sondern wirkt auch authentisch. Das Wort „authentisch" kommt vom griechischen „authentikos" und bedeutet „echt, zuverlässig, glaubwürdig". Authentische Menschen sind also Menschen, die glaubwürdig und echt sind und ihrer Umwelt nichts vorspielen oder ihren wahren Charakter verstellen. Bei authentischen Menschen wird deutlich, wofür sie stehen und von welchen inneren Überzeugungen ihr Tun geprägt ist. Und dies äußert sich in klaren Positionen und konsequentem Handeln.

Noch etwas zeichnet authentische Menschen aus: Sie orientieren sich nicht in erster Linie an anderen, sondern sie ringen immer wieder um ihre innere Autonomie im Sinne einer Unabhängigkeit oder Eigenständigkeit. Als Maßstab achten sie auf ihre eigenen Werte und hinterfragen diejenigen, die ihnen andere Menschen oder auch kulturelle Gewohnheiten vorgeben. Um möglichst autonom entscheiden und handeln zu können, ist es wichtig, sich die eigenen Werte, Überzeugungen und inneren Glaubenssätze immer wieder einmal bewusst zu machen, denn sie sind das Fundament, das uns trägt.

Die Kommunikationswissenschaftlerin Ruth Cohn prägte den Begriff der „selektiven Authentizität". Sie sagt: „Nicht alles, was echt ist, muss ich sagen, aber alles, was ich sage, soll echt sein." Wir entscheiden also bewusst, welche Teile von uns wir dem anderen zeigen und welche wir lieber für uns behalten. Oder auch für uns behalten müssen, zum Beispiel wenn es um Geschäftsentscheidungen geht, die noch nicht kommuniziert werden dürfen. Wichtig jedoch ist, dass das, was wir nach außen tragen, authentisch ist, das heißt, unseren Werten und unserer Persönlichkeit entspricht.

**selektiv authentisch sein**

Diese selektive Authentizität stellt uns also vor zwei Herausforderungen:

- Die eigenen Gefühle, Überzeugungen, Bedürfnisse und Werte zu kennen, d. h. den Fokus nach innen zu richten, und
- zu filtern und zu entscheiden, was davon in die Situation und zu dem jeweiligen Gegenüber passt.

Auch hier ist der innere Beobachter wieder gefragt, eine Kompetenz des Frontallappens (s. ► Kap. 1).

## 3.3 Die Zeitmaschine: Eine „Sinn-Bilanz" aus der Zukunft

Versetzen Sie sich in die folgende Situation: Sie sind 80 Jahre alt, sitzen gemütlich in Ihrem Schaukelstuhl und blicken zufrieden auf Ihr Leben zurück. Welche Erinnerungen und Bilder sollen dann auftauchen? Was haben Sie beruflich getan und erreicht? Was hat Sie wirklich erfüllt? Wie sieht es mit Ihren Beziehungen, Ihrer Familie und Ihren Freunden aus? Was haben Sie in Ihrer Freizeit getan? Wie haben Sie Ihre Energie aufgetankt, wo haben Sie sich engagiert? Was war für Sie wirklich wichtig?

Wenn Sie es gerne mal auf die Spitze treiben möchten, können Sie auch in einer Zeitmaschine zu Ihrer eigenen Beerdigung reisen. Was sollen Familie, Freunde, Arbeitskollegen über Sie sagen? Stellen Sie sich eher den informellen Teil vor, nicht die offiziellen Reden!

Wenn Sie dann mit der Zeitmaschine wieder in der Gegenwart gelandet sind, werfen Sie einen konstruktiv-kritischen Blick in Ihren Terminkalender – passt die erhoffte Bilanz zu Ihrer aktuellen Planung?

Wenn Sie sich klar machen, in welche Richtung Ihr Leben führen soll, so können Sie Ihre Entscheidungen und Handlungen bewusster darauf abstimmen. Selbstmanagement bedeutet, mehr Verantwortung für das eigene Handeln – und auch für bisher unbewusste innere Glaubenssätze – zu übernehmen. Damit Sie dies tun können, müssen Sie sich Ihrer eigenen Standpunkte, Werte, Ressourcen und Blockierungen bewusst werden. Setzen Sie sich daher mit Ihren privaten und beruflichen Bedürfnissen auseinander. Dadurch werden Sie erkennen, was Sie anspornt und wo Sie hin möchten. Und es gelingt Ihnen leichter, Ihre unterschiedlichen Bedürfnisse in ein dynamisches Gleichgewicht zu bringen.

## 3.4 „Survival of the fittest": Welche Werte machen wirklich fit?

Werte machen fit fürs Leben und im Leben

Lange Zeit dachte man, Konkurrenz sei das entscheidende Lebensprinzip. Darwins „Survival of the fittest" wurde so verstanden: Je mehr Anstrengung und je mehr Einzelkämpfer mit Ellbogen, desto erfolgreicher, so schien die Devise. Heute hingegen findet ein tiefgreifender Wertewandel statt. Der Wirtschaftswissenschaftler Nikolai Kondratjew benannte entscheidende Innovationswellen von jeweils etwa 50 Jahren, die das gesellschaftliche Leben grundlegend verändert haben: Dampfmaschine, Elektrizität, digitale Innovationen – in der Vergangenheit ging es um Technik, heute um ein ganz anderes Thema: um ganzheitliche Gesundheit, um die Frage, was Menschen erfüllt und gesund leben lässt. Der Zukunftsforscher Peter Spiegel beschreibt diese aktuelle Innovationswelle:

„Diese Haltungswende findet ihren Ausdruck in einer radikalen Wende vom Konkurrenzdenken in den Kooperationsmodus, in ein Denken und Handeln auf Augenhöhe, in Netzwerken und Teams (….)" (Spiegel 2015).

Die Ellbogen-Mentalität ist ein Missverständnis: Darvin verstand unter den Fittesten nicht die Rücksichtslosesten, sondern diejenigen, die sich den jeweiligen Herausforderungen am besten anpassen konnten. Was genau kann uns heute dabei unterstützen, im Kooperationsmodus fit zu sein?

Der Politikwissenschaftler Christian Felber schlägt in seinem Buch „Gemeinwohlökonomie" (2014) vor, die Vermittlung folgender Kompetenzen in Erziehung und Bildung voranzutreiben:

- Gefühlskunde
- Wertekunde
- Kommunikationskunde
- Naturerfahrungskunde
- Körpersensibilisierung

Diese Anregung deckt sich mit den Erfahrungen in unseren Seminaren und Coachings, wir sehen einen Zusammenhang von Souveränität mit den Fähigkeiten,

- die eigenen Gefühle wertfrei wahrzunehmen und sie – angemessen zum Kontext – zeigen zu können (selektiv authentisch)
- die eigenen Werte zu kennen, auch unbewusste Werteinstellungen aufzuspüren und im Kontakt mit anderen Menschen konstruktiv mit unterschiedlichen Einstellungen umgehen zu können
- Klarheit und Respekt für sich und andere im eigenen Kommunikationsverhalten auszudrücken
- die heilende Wirkung der Natur spüren zu können
- den eigenen Körper achtsam und wertschätzend im Fokus zu haben

Vielleicht inspirieren Sie diese Anregungen, eine oder mehrere davon wieder stärker aufzugreifen, sich damit mehr zu beschäftigen, sich weiterzubilden oder einfach diesen Aspekten wieder mehr Raum zu geben.

Der Führungskräfte-Coach Frederic Laloux sieht unsere Gesellschaft in einem großen Wandel in Bezug auf persönliche Entscheidungskriterien (Laloux 2015).

Innere Stimmigkeit

» „In der modernen leistungsorientierten Perspektive sind *Effektivität* und *Erfolg* die Maßstäbe, nach denen Entscheidungen getroffen werden. Aus der postmodernen

> (…) Stufe werden Situationen nach den Kriterien der *Zugehörigkeit* und *Harmonie* beurteilt. In der integralen (..) Perspektive wechseln wir von äußeren zu *inneren* Maßstäben für unsere Entscheidungsfindung. Hier beschäftigt uns die Frage der inneren Stimmigkeit: *Erscheint mir diese Entscheidung richtig zu sein? Bleibe ich mir selbst treu? (…) Bin ich von Nutzen für die Welt?"*

Wie können Sie ganz konkret – wie Laloux vorschlägt – die „Innere Stimmigkeit" als Kompass nutzen? Der amerikanische Hirnforscher Antonio Damasio hat dafür den Begriff der „somatischen Marker" entwickelt (Damasio 1994). Begriffe wie „Bauchgefühl", „Wut im Bauch" oder „da schnürt es mir alles zusammen" bzw. „da wird mir ganz weit ums Herz" zeigen auf, worum es hier geht. Gemeint sind Signale auf Körper- und Gefühlsebene, mit denen unser emotionales Erfahrungsgedächtnis uns beispielsweise zeigt, ob wir mit unseren bewussten und auch unbewussten Werten im Einklang sind.

### Übung

Schreiben Sie die Entscheidung auf ein Blatt Papier, legen Sie das Blatt auf den Boden. Stellen Sie sich daneben und spüren Sie in Ihren Körper: wie reagiert Ihr Organismus auf die Entscheidung? Welche Gefühle melden sich? Die somatischen Marker helfen zu überprüfen, ob die Entscheidung letztlich stimmig ist.

## Literatur


Damasio A (1994) Descartes irrtum. List Verlag, München

Felber C (2014) Gemeinwohlökonomie. DeutickePaul Zsolnay Verlag, Wien, S 118

Kaltenegger S (2018) Selbstorganisierte Teams führen. dpunkt.verlag, Heidelberg, S 32

Laloux F (2015) Reinventing Organizations. Vahlen, München, S 44

Schnell T (2014) Vortrag Tatjana Schnell, Auf Sinnsuche, ▶ https://youtu.be/-TlBfzAEfvM

Schnell T (2016) Psychologie des Lebenssinns. Springer, Berlin, S. 18

Schmidt G. Handout: ▶ www.klinikum.uni-heidelberg.de/fileadmin/Psychosomatische_Klinik/Ringvorlesung/Hypnosystemische_Strategien_handout.pdf

Spiegel P (2015) WeQ More Than IQ Abschied von der Ich-Kultur. oekom, München

**4**

# „Der Club in mir" – Strategien zum Umgang mit meinen „inneren Anteilen"




© Springer-Verlag GmbH Deutschland, ein Teil von Springer Nature 2019
C. Lehner, S. Weihe, *Zwischen Achtsamkeit und Pragmatismus,*
https://doi.org/10.1007/978-3-662-58915-1_4

1. In uns haben wir einen ganzen Club verschiedener innerer Anteile.
2. Der Anspruch, immer eindeutig und klar zu sein, wird unserer inneren Vielschichtigkeit nicht gerecht. Es geht vielmehr darum, meine inneren Anteile zu kennen und bewusst steuern zu können

Die Kunst, sich selbst zu führen, hängt von einem weiteren wichtigen Faktor ab: Wie gut kennen Sie Ihre „inneren Anteile" – den „Club" im Ihrem Inneren? Wie gehen Sie mit sich selbst um, wenn Sie auf innere Konflikte und Widersprüche stoßen? Wenn zum Beispiel unser Pflichtgefühl in krassem Widerspruch zu dem steht, was unser innerer Gesundheitsexperte für wichtig hält? Oder der oft zitierte „Schweinehund" gute Vorsätze allzu gerne im Sand verlaufen lässt?

## 4.1  Die Clubmitglieder kennen

Zwei Beispiele verdeutlichen, warum ein erfolgreiches Selbstmanagement weit mehr ist, als Ziele zu haben und Termine gut zu planen.

**Beispiel**

Selbstmanagement: Innere Konflikte steuern

Volker S. ist Führungskraft in einem Automobilunternehmen. Er bekommt das Angebot, den Aufbau einer neuen Abteilung in China zu übernehmen, und steht vor einer schwierigen Entscheidung: Soll er das Angebot, auf der Karriereleiter aufzusteigen, annehmen, oder doch lieber vor Ort bleiben, wo er sehr verwurzelt ist – noch dazu, wo seine Handballmannschaft gerade kurz vor dem Aufstieg in die nächste Liga steht?
Oder: Vera B, Führungskraft in einer erfolgreichen IT-Firma. Sie hat sich beim letzten Stressmanagement-Workshop fest vorgenommen, sich ab sofort mehr Zeit für das Privatleben zu nehmen. Daher plant sie jeden Tag, früher heimzugehen – und dann wird „es" doch wieder so spät, dass die Regeneration auf der Strecke bleibt und zudem der Haussegen schief hängt.

Viele Seelen schlagen in unserer Brust - Gunther Schmidt hat dazu das Modell der „inneren Familienkonferenzen" oder des „inneren Parlaments" entwickelt (Schmidt 1989), ähnlich sind die Modelle „Inneres Team" von Friedemann Schulz von Thun (Schulz von Thun 1998) oder das bereits erwähnte Inner Family System von Richard Schwartz (s. Kap. 2). Es gibt immer mehrere Seiten in uns, unser Innenleben ist höchst komplex. Nicht nur bei wichtigen Entscheidungen sondern im ganz normalen Alltag meldet sich häufig ein ganzer Chor aus unterschiedlichen inneren Stimmen. Manche benennen wir nicht so schmeichelhaft – wir bezeichnen sie als

„Angsthasen", als „inneren Schweinehund", als „Drückeberger"
oder „Sensibelchen". Unsere gewohnte Reaktion auf diese inneren
Anteile ist oft, „Weg damit, halt die Klappe!" Doch Sie erinnern sich:
Die Gehirnforschung hat längst nachgewiesen, dass diese Stimmen
Emotionen und Bedürfnisse sind, die sich vom evolutionsgeschicht-
lich jungen Großhirn nicht einfach kontrollieren lassen – sie führen
ein Eigenleben – und sie haben manchmal wichtige Botschaften
(s. ▶ Kap. 1). Sich darüber zu ärgern führt nur zu mehr Stress und
damit zu weiteren Blockaden – es geht vielmehr darum, ihnen
nachzuspüren und ihren Hintergrund zu begreifen.

Wenn man gegen diese inneren Seiten ankämpft, kostet es
sehr viel Energie. Wenn es dann nicht klappt, ist meist die nächste
Reaktion eine Selbstabwertung nach dem Motto: schon wieder hab
ich mich nicht im Griff….., was wiederum anstrengend ist. Welche
Strategien gibt es nun, um konstruktiv mit diesen inneren Anteilen
umzugehen?

Auch hier geht es wieder um eine Kultivierung unseres
Bewusstseins (s. ▶ Kap. 1). Werden Sie sich (mit Hilfe des inneren Beobachters) Ihrer „inneren Anteile" bewusst und gehen Sie
wertschätzend mit ihnen um, statt sie zu unterdrücken. Lernen
Sie, sich mit Ihren unterschiedlichen inneren Clubmitgliedern
angemessen auseinanderzusetzen – denn letztlich kontrollieren
lassen sie sich sowieso nicht.

Das Erfolgsrezept heißt also wieder einmal: Kooperation
statt Kontrolle! Nur so können Sie Alleingänge innerer Teammitglieder vermeiden.

Wie können uns Achtsamkeit und der innere Beobachter helfen, unser inneres Orchester harmonisch zu dirigieren? Am wirk-
samsten ist es auch hier, mit Bildern zu arbeiten und sich diese
inneren Anteile als eigene Persönlichkeiten vorzustellen. Manche davon haben durchaus tierischen Charakter, wie der Alligator
(der uns helfen kann, Grenzen zu setzen), der Angsthase (der uns
beraten kann, uns nicht zu sehr in Gefahr zu begeben) oder der
Schweinehund (der für Entspannung zuständig ist). Dann gibt es
die Klassiker, die wir alle kennen: unsere inneren Antreiber und
inneren Kritiker. Hier hat uns unsere Lebensgeschichte geprägt:
Wofür haben Sie als Kind Anerkennung bekommen? Galt bei
Ihnen, „Ein Indianer kennt keinen Schmerz" oder vielleicht „Brave
Mädchen/Jungs tun das nicht!"? Aus diesen Erfahrungen haben
sich im limbischen System die sogenannten Glaubenssätze aus-
geformt, die uns als innere Anteile oder Stimmen dann ins Ohr
flüstern: „Sei perfekt!", „Mach keine Fehler, sonst bist du nicht
akzeptabel!" oder „Sei stark!".

Identifizieren Sie Ihre persönlichen inneren Antreiber und
lernen Sie, diese auch mal in eine Auszeit zu schicken. Wer zum
Beispiel stets den Anspruch an sich hat, perfekt sein zu müssen,
empfindet Fehler als etwas Schreckliches und steckt viel Energie in
unnötige Rechtfertigungen und Vermeidungen. Sich ja keine Blöße

Kooperation der
Teammitglieder

geben, Haltung bewahren, sich keine Hilfe holen und schlechte Nachrichten verbergen, bis es zu spät ist, sind demnach typische Verhaltensweisen, die auf diesen inneren Antreiber zurückzuführen sind.

Um sich von diesen Antreibern nicht ständig bestimmen zu lassen, können wir ihnen so genannte „innere Erlauber" entgegensetzen. Erlauber-Sätze wie „Ich darf auch mal Fünfe gerade sein lassen" ermöglichen eine Wahlfreiheit: Als Pilotin im Dienst darf mein Antreiber seinen Anspruch hoch schrauben, abends bei der Einladung meiner Freunde darf er sich zurücklehnen.

## 4.2 Streit im „Club" – was tun? Innere Konflikte lösen

Was tun Sie nun aber, wenn Ihr inneres Team miteinander streitet und Ihre inneren Anteile im Konflikt miteinander stehen? Sie tun das Gleiche, das Sie auch als Clubleiter, Chefin oder Familienmitglied tun würden, wenn sich ein Team uneinig ist: Sie berufen eine (innere!) Teamkonferenz ein.

**Teamkonferenz**
Stellen Sie sich einen schönen Besprechungsraum vor, mit viel Licht und einem runden Besprechungstisch. Nun laden Sie alle ihre inneren Teammitglieder zu dieser Konferenz ein und entwickeln Dialoge mit Ihrem inneren Team.

Ihr innerer Beobachter unterstützt Sie bei der Moderation. Sie geben das Thema und Ziel vor, hören sich jeden Beitrag Ihrer unterschiedlichen Teammitglieder an und entscheiden dann.

Wenn Sie sich bewusst machen, dass in Ihnen ein ganzes Team zugange ist und Sie Ihre inneren Anteile identifizieren, so bringt Ihnen dies einen entscheidenden Vorteil: Sie gehen nun bewusster mit unterschiedlichen inneren Perspektiven um und der Autopilot kann nicht mehr unbewusst die Oberhand gewinnen. Dadurch haben Sie die Möglichkeit, Ihre Entscheidungsprozesse konstruktiv zu gestalten: Nicht nach dem Prinzip „entweder – oder", sondern eher nach dem Grundsatz „sowohl – als auch".

Damit Sie in Ihrer inneren Besprechung mit Ihrem inneren Team kommunizieren können, helfen Ihnen konkrete Instrumente:

- **Wertschätzung für jede Stimme:** Entwickeln Sie erst einmal eine grundsätzliche Akzeptanz für die unterschiedlichen Teamanteile und akzeptieren Sie, dass es immer widerstreitende Anteile in Ihnen geben wird. Auch der Angsthase und der Schweinehund haben ihre Bedeutung.
- **Den Sinn erkennen:** Betrachten Sie den Sachverhalt aus den unterschiedlichen Perspektiven.

- **Integration des Sekundärgewinns:** Erkennen Sie, inwiefern Sie von einem bestimmten Verhalten profitieren, und suchen Sie ggf. andere Wege, um an diesen Gewinn zu kommen.
- **Eine Vision entwickeln:** Stellen Sie sich die beste aller möglichen Lösungen vor, denn so setzen Sie sich mit einem Thema aus einem völlig anderen Blickwinkel auseinander.

### Beispiel

Volker etwa findet bei seiner inneren Teamkonferenz heraus, dass sein bodenständiger Teil befürchtet, irgendwann ganz alleine dazustehen und seine Freunde zu verlieren. Er führt viele Gespräche und entwickelt eine konkrete Strategie, wie er mit den wichtigsten Menschen in seinem Netzwerk weiterhin verbunden bleiben kann – und nimmt das Angebot des Arbeitgebers an.

Vera erkennt in ihrer inneren Teamkonferenz ihren so genannten „Sekundärgewinn", der Sie daran hindert, nach Hause zu gehen. Sie weiß, dass die Chefin die Mitarbeiter, die wenig Grenzen setzen, am meisten schätzt. In ihrer Ehe ist nach vielen Jahren die Luft raus und mehr Zeit zu Hause würde diesen Konflikt aufdecken. Ihr Antreiber „please me" („Mach's anderen recht") sagt also: „Bleib lieber im Büro, dann bist du bei der Chefin fein raus. Die Vorwürfe nachher erträgst du schon, aber wer weiß, was bei einer Klärung in der Ehe herauskommen würde?".

Hier nun ein kurzer Auszug aus der Coachingsitzung von Vera, in der sie sich ihr inneres Team genauer ansieht, nachdem sie den oben genannten Konflikt herausgearbeitet hat:

**Vera** - Das ist mir unangenehm dass ich so feige bin – ich müsste doch die Konflikte in meiner Ehe angehen können.

**Coach** - Das kann ich nachvollziehen. Wenn man genau hinschaut, könnte man doch sagen: da gibt es eine Seite, die sich scheut vor dem Konflikt und ein anderer Teil, der das Thema gerne angehen will.

**Vera** - Ja, genau, das stimmt, ich müsste doch endlich mal wissen was ich will.

**Coach** - Ich habe einen Vorschlag: Wenn Sie mal sagen, da schlagen zwei Seelen in meiner Brust: einer, dem Harmonie wichtig ist und einer, der Klarheit will – wie wirkt sich das aus? Ich schlage vor, Sie schreiben die beiden Teile auf Karten und geben ihnen mal einen Platz im Raum, so dass Sie sich bewusst machen können, dass Sie mehr sind als einer der beiden Anteile.

**Vera** - Ja, das macht es irgendwie leichter – ich bekomme ein wenig Distanz und kann leichter atmen. Da ist der Teil, den ich „Harmoniesüchtig" nennen würde und den anderen Teil nenne ich mal „Kämpferin".

Im Verlauf der Sitzung bekommt Vera mehr Überblick darüber, wofür der jeweilige Teil steht. Sie kann beide Anteile wertschätzen und kann als nächsten Schritt beide Teile dafür gewinnen, zunächst die eigene Konfliktkompetenz zu stärken, bevor sie die Klärung in

**4**

der Ehe angeht. Sie würdigt in sich den Wunsch nach Anerkennung und Zugehörigkeit, gleichzeitig geht sie es an, ihre „Kämpferin" zu stärken.

Gunther Schmidt weist darauf hin, dass wir bei diesen Teamkonferenzen unseren Körper als wichtigen Kooperationspartner für intuitives Wissen nutzen können. Vera beispielsweise atmet durch, als sie sich nicht mehr mit den inneren Anteilen identifiziert („ich bin feige") sondern sich bewusst macht: „eine Seite in mir hat Sorge, dass die Familie auseinanderbricht" (Schmidt 2004).

Im Coaching wird sie eingeladen, die eigenen Körperreaktionen bewusster wahrzunehmen, auch um zu überprüfen, ob sie die Distanz und Wertschätzung für die Anteile immer wieder einnehmen kann.

**Teamkonferenz in einem Raum**

Anstelle der Fantasie-Konferenz aus der vorherigen Übung können Sie die Teamkonferenz auch ganz praktisch in einem Raum durchführen. Gehen Sie dabei folgendermaßen vor:

1. **Die beteiligten Anteile identifizieren:** Welche Stimmen, welche innere Anteile sind am Konflikt beteiligt (zum Beispiel Erfolgsmensch, Familienmensch …)? Schreiben Sie die Anteile auf Kärtchen und legen Sie sie im Raum auf dem Boden aus. Schreiben Sie auch eine Karte für den inneren Beobachter, der das Ganze von außen betrachtet und darauf achtet, dass alle Beteiligten zu Wort kommen.
2. **Jeden einzelnen inneren Anteil zu Wort kommen lassen:** Was haben sie zu sagen, wofür stehen sie (zum Beispiel beruflicher Erfolg, Sicherheit, Anerkennung versus Bindungen, Freundschaft, Privatleben)? Stellen Sie sich auf die Kärtchen und lassen Sie die jeweiligen Anteile sprechen.
3. **Miteinander reden lassen:** Die inneren Anteile setzen sich miteinander auseinander und vertreten ihre Positionen. Der innere Beobachter sorgt dafür, dass alle Argumente gehört und verstanden werden, zum Beispiel: „So ein Angebot kriege ich nie mehr", „Was hilft mir der tolle Aufstieg, wenn ich dann keine Freunde mehr habe?"
4. **Alle beteiligte Anteile würdigen:** Wozu ist es gut, dass die jeweiligen Teile da sind? Was brauchen die einzelnen Anteile, um zufrieden zu sein?
5. **Konkrete Entscheidung:** Wer soll in der konkreten Situation Vorrang haben? Welche Zusage bekommen dafür die anderen Teile?

# Literatur

Schmidt G (1989) Konferenzen mit der inneren Familie, (Audiocassetten), Auditorium Mühlheim
Schmidt G (2004) Liebesaffaren zwischen Problem und Lösung. Carl-Auer, Heidelberg, S 279
von Thun FS (1998) Miteinander reden 3 Das Innere Team. Rowohlt, Hamburg

# Halt durch gelungene Kommunikation

Inhaltsverzeichnis

Sich selbst gut steuern können ist „die halbe Miete" bei der Navigation durch bewegte Zeiten – auch im Kontakt zu anderen Menschen. Souverän kommunizieren und dabei authentisch bleiben ist eine Fähigkeit, die in unserem Geschäftsalltag ebenso entscheidend ist wie im Privaten. Gelingen kann diese Souveränität nicht mit Hilfe eines Kochrezeptes – „was sage ich, wenn mein Gesprächspartner dieses oder jenes sagt". Vielmehr geht es darum, eine grundsätzlich wertschätzende und konstruktive Haltung gegenüber unserem Kommunikationspartner einzunehmen und professionelle Kommunikationstechniken sensibilisierter und reflektierter einzusetzen. Hilfreich sind dabei die Kompetenzen aus den ersten Kapiteln – Achtsamkeit, innerer Beobachter, die Anbindung an innere Ressourcen und mentale Stärke.

Im zweiten Teil unseres Buches möchten wir Sie dazu inspirieren, bewusst, transparent und authentisch Gesprächssituationen gestalten zu können. Wir zeigen unterschiedliche Perspektiven, Impulse und konkrete „Kommunikations-Werkzeuge" auf. Das wichtigste gleich vorneweg: Dreh- und Angelpunkt ist die innere Haltung, mit der Sie in Gespräche gehen. Woran liegt das?

Wenn man sich das Leitprinzip des menschlichen Lebens ansieht, gab es in den letzten Jahren eine entscheidende Erkenntnis: Das Erfolgsgeheimnis der Evolution ist nicht Kampf, sondern Kooperation.

In seinem Buch „Prinzip Menschlichkeit" zeigt Joachim Bauer (2007), Professor der Medizin und Psychotherapeut: Unser Gehirn ist ein „Social Brain" – das körpereigene Motivationssystem belohnt gelungenes Miteinander:

*„Kern aller Motivation ist es, zwischenmenschliche Anerkennung, Wertschätzung (…) zu finden und zu geben. Wir sind – aus neurobiologischer Sicht – auf soziale Resonanz und Kooperation angelegte Wesen".*

Die moderne Welt erfordert deutlich reifere Kommunikations- und Interaktionskompetenzen. Im Folgenden möchten wir sowohl Klassiker der Kommunikation im persönlichen als auch im beruflichen Kontext in Erinnerung rufen als auch neue Methoden vorstellen.

## Literatur

Bauer J (2007) Prinzip Menschlichkeit, Hoffmann und Campe, Hamburg, S 34

# „Kommunikation beginnt im Gehirn des Senders" – wie Gesprächsführung gelingt




© Springer-Verlag GmbH Deutschland, ein Teil von Springer Nature 2019
C. Lehner, S. Weihe, *Zwischen Achtsamkeit und Pragmatismus,*
https://doi.org/10.1007/978-3-662-58915-1_5

Kommunikation kann gelingen, wenn …

… wir uns vergegenwärtigen, dass jeder Mensch seine eigene Weltsicht hat, die sich in der Kommunikation niederschlägt – in Mimik, Gestik, Tonfall und Inhalt.

… wir uns die Perspektive unseres Gesprächspartners vergegenwärtigen.

… wir auf den verschiedenen Ebenen der Kommunikation klare, widerspruchsfreie Informationen und Signale senden.

… wir angemessene Rahmenbedingungen schaffen – zum Beispiel Situation, Ort oder Dauer.

… wir lernen, Ich-Botschaften zu senden.

Konrad Lorenz, der österreichische Verhaltensforscher, bringt die Herausforderungen einer Kommunikationssituation prägnant auf den Punkt (österr. Verhaltensforscher, 1973 Nobelpreis):

> **»** Gedacht heißt nicht immer gesagt,
> gesagt heißt nicht immer gehört,
> gehört heißt nicht immer richtig verstanden,
> verstanden heißt nicht immer einverstanden,
> einverstanden heißt nicht immer angewendet,
> angewendet heißt nicht immer beibehalten

Auch hier ist der zentrale Ausgangspunkt die eigene persönliche Wahrnehmung. Kommunikation (lat. communicare „mitteilen, gemeinschaftlich machen") bedeutet eine Verbindung zu meinem Kommunikations-Partner – das heißt, es geht darum, meine eigenen Inhalte, Vorstellungen und Ideen so verständlich zu machen, dass der andere möglichst genau das versteht, was ich meine. Was sich im Grunde sehr banal anhört, ist oft in der persönlichen wie auch geschäftlichen Praxis genau das Gegenteil. Rein physisch haben wir alle Ohren, unsere Gehirne sind jedoch sehr unterschiedlich geprägt.

**Kommunikation beginnt im Gehirn des Senders**

Kommunikation beginnt im Gehirn des Senders, in der subjektiven Konstruktion der eigenen Welt und endet in einem ebenso komplexen Kontext, nämlich im Gehirn des Empfängers (Philipp 2010).

Oder mit Paul Watzlawicks Worten: „Jeder meint, dass seine Wirklichkeit die wirkliche Wirklichkeit ist" (1983).

## 5.1 Die „Filterbrille" und der Autopilot

Jeder Mensch verhält sich anders, denn wir orientieren uns an einer eigenen inneren Landkarte. Wir sehen das Gleiche wie die anderen, doch wir nehmen nicht das Gleiche wahr. Die Fülle an

Sinneseindrücken in unserer Umgebung zwingt uns dazu, eine Auswahl zu treffen. Unsere innere Landkarte umfasst beispielsweise unsere inneren Einstellungen (z. B. Wie wichtig ist mir Karriere? Was verstehe ich darunter?), unsere Werte (z. B. Was heißt für mich ein erfülltes Leben? Woran mache ich das fest?), unser persönliches Umfeld und unsere Kultur (z. B. Wie wird die Geschlechtsrolle in der Gesellschaft, in der ich lebe, definiert? Wie definiere ich mich selbst in meiner Rolle als Mann/Frau?).

Ihre Welt ist nicht meine Welt. Wir beide selektieren und geben dem, was wir registrieren, unterschiedliche Bedeutung: Wir konstruieren unsere eigene Wirklichkeit und Wahrheit.

Wir setzen also bestimmte Wahrnehmungsmuster, bildlich gesprochen: verschiedene Brillen auf. Jede Brille ist von unseren eigenen Werten, Einstellungen und Erfahrungen, Zielen, Bedürfnissen oder Gefühlen geprägt. Wir sind der Maßstab unserer eigenen Wahrnehmung. Dadurch ergibt sich eine komplexe Wahrnehmungskette.

Modell Filterbrille in der Kommunikation

Vom Wahrnehmen zum Handeln

1 Wahrnehmen

2 Denken/ Interpretieren/ Bewerten

3 Fühlen

4 Handeln

Dafür ein konkretes Beispiel:

**Beispiel**
**Ich nehme wahr** und kann hören, dass sich zwei Kollegen lautstark im ihrem Büro unterhalten.
Ich **denke** und **interpretiere**: Die beiden sind sehr laut, also handelt es sich um einen Streit oder Auseinandersetzung.
Ich **bewerte**: Streiten ist schlecht, fühle mich selbst angegriffen und handle, indem ich ins das besagte Zimmer gehe und sage, dass die beiden Streithähne doch besser aufhören und sich nicht so kindisch benehmen sollen. Dabei haben sie gar nicht gestritten, sondern sich lautstark über die Fußball Ergebnisse der Saison und über den miesen Schiedsrichter im letzten Fußballspiel der Champions-League unterhalten.

Wenn eine Person auf eine andere reagiert, durchläuft sie in der Regel diese vier Stufen – bewusst oder unbewusst.

Interpretation der Wahrnehmung

Wir reagieren nicht auf unsere Wahrnehmung. Wir reagieren stets auf die **Interpretation** unserer Wahrnehmung einer Situation. Das erzeugt Missverständnisse, sowohl im privaten als auch im geschäftlichen Bereich.

Ein anderes Beispiel: Sie sehen einen sehr angespannten Kollegen und schlussfolgern: „Er sieht heute aber sehr schlecht gelaunt aus, vielleicht habe ich ja letzte Woche was falsches gesagt in unserem Teamtreffen." Oder aber: „Vielleicht hatte er ja ein schlechtes Wochenende mit viel Arbeit zu Hause. Mit mir hat das gar nichts zu tun."

Unsere persönliche Filterbrille funktioniert wie der Auto-Pilot, den wir in ► Kap. 1 dargestellt haben. Wir entwickeln sie von klein auf, indem wir die begrenzte Realität, in der wir aufwachsen, als absolute Wirklichkeit erleben und interpretieren.

Wir tendieren dazu, stets unsere eigene Sichtweise zu bestätigen. Denn das scheint uns  Sicherheit, Konstanz und Stabilität zu geben. Indem wir selektieren, verallgemeinern, bewerten und erst dann handeln, halten wir an unserem Wahrnehmungsfilter fest. Der Entscheidungsprozess, ob wir etwas gut oder schlecht finden, geht verhältnismäßig schnell. Im Vertriebsbereich wird dieser Prozess mit der „7-Sekunden-Regel" beschrieben: In nur sieben Sekunden entscheidet sich, ob wir die Verkäuferin oder den Kunden sympathisch finden oder nicht.

In belastenden Situationen schränkt der wachsende Druck unsere Wahrnehmung, Denkfähigkeit und letztendlich unsere Handlungskompetenzen stark ein, wie wir schon mit dem Aufzugmodell in ▸ Kap. 1 beschrieben haben. Bei einem Konflikt mit dem Chef etwa geraten viele Mitarbeiter schnell unter Stress. Wenn dann das Verhalten des Gegenübers uns beispielsweise an unseren autoritären Vater erinnert, werden unbewusste alte Reaktionsweisen in uns „angetriggert". Unsere Fähigkeit, ruhig zu bleiben und nach einer rationalen Lösung zu suchen, kann dadurch eingeschränkt werden.

Sekündlich zunehmend laufen in unseren Köpfen unbewusste Prozesse ab, von denen wir nichts mitbekommen – und doch steuern sie unwillkürlich unsere Bewertungen und somit unser Handeln. Doch es ist möglich, sich dieser Abläufe bewusst zu werden: Wir sprechen von der Kompetenz des Frontalhirns (s. ▸ Kap. 1), wenn wir die Selbstreflexion immer mehr zu einem automatischen Prozess machen.

Für souveräne, konstruktive Kommunikation bedeutet dies konkret, die alte gewohnte Wahrnehmungsbrille kennenzulernen und – da wo es für uns Sinn macht – eine „Umprogrammierung" anzusteuern. Ziel ist es, den inneren Beobachter und das „Stoppschild" (s. ▸ Kap. 1) auch in unserem Kommunikationsverhalten zu etablieren. Der innere Beobachter hinterfragt unsere ersten Interpretationen, er fordert uns auf, ruhig zu bleiben und weitere Beobachtungen zu sammeln. Erst nach diesem Innehalten können wir souverän handeln.

Kommunikation ist immer ein Dialog zwischen zwei oder mehreren Gesprächspartnern, sie entsteht in einem Miteinander, sie drückt soziales Verhalten aus. Niemals steht sie nur für die Weitergabe von Informationen. Deshalb ist Kommunikation erst dann gelungen, wenn alle Beteiligten eine gemeinsame Grundlage, sachliche Meinung oder Überzeugung geschaffen haben – wenn sie sich wirklich verständigt haben. Dabei geht es nicht darum, dass alle inhaltlich übereinstimmen; entscheidend ist vielmehr, dass sich alle gegenseitig verstehen und die Position der anderen begreifen.

> Verstehen heißt nicht einverstanden sein

## 5.2 Wahr ist nicht, was ich gesagt habe – Das Sender-Empfänger-Modell

Das Sender-Empfänger-Modell ist ein altbewährtes, zentrales und in vielen Untersuchungen herangezogenes Kommunikations-Modell (Birkenbihl 1991).

Es fasst Kommunikation als komplexen, multidimensionalen Prozess auf, bei dem Sender und Empfänger versuchen, ihre Sichtweise der subjektiven Realität mitzuteilen bzw. zu verstehen.

Kurz gesagt: Wahr ist nicht, was A gesagt hat, sondern was B verstanden hat (jedenfalls für B).

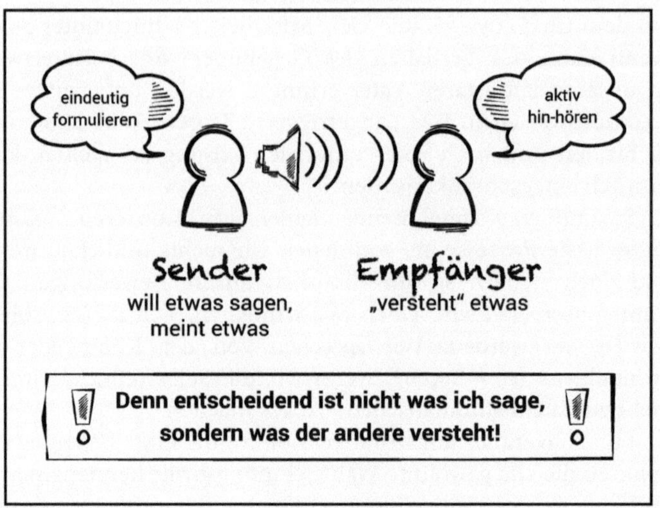



Die Übermittlung der Botschaft vom Sender an den Empfänger kann dabei von vielen Faktoren behindert werden, wie z. B. einer unvollständigen oder unklaren Mitteilung, der Wahl ungeeigneter Worte, einer falsch interpretierten Gestik und Mimik oder auch eines ungeeigneten Kommunikationskanals (beispielsweise nur E-Mail-Austausch statt persönlich zu sprechen) (Doser 2006).

## 5.3 Warmduscher sind im Vorteil – Ebenen der Kommunikation

4 Ebenen der Kommunikation

Kommunikation findet auf verschiedenen Ebenen statt – Sie halten dabei wie beim Jonglieren mehrere Bälle in der Luft.

- **Inhalts- oder Sachebene** Was?
  Hier werden Fakten, Informationen, Zahlen und Daten ausgetauscht.
- **Beziehungsebene** Wie?
  Auf dieser Ebene geht es um die Qualität der Begegnung – um Atmosphäre, Gefühle, Stimmigkeit und körpersprachliche Elemente wie Mimik, Gestik oder Körperhaltung. Die Beziehungsebene ist von extrem großer Bedeutung, wenn Kommunikation gelingen soll – das zeigt sich schon in alltagssprachlichen Redewendungen wie „der Ton macht die Musik", „einen guten Draht haben" oder „auf einer Wellenlänge sein".
- **Prozessebene** Womit?
  Hier steht der Kontext, die Rahmenbedingung der konkreten Situation im Mittelpunkt. Denn auch der Ort, die Sitzordnung, das Entscheidungsverfahren, die Art und Weise der

**5**

Besprechungsleitung oder die Besprechungstechnik dürfen bei dem Ziel einer gelungenen Kommunikation nicht außer Acht gelassen werden.

- **Persönlichkeitsebene** Wer?
Sie ist ein Hauptfaktor, wie im Kapitel „Filterbrille" schon deutlich wurde. Neben der grundsätzlichen inneren Landkarte, die jeden und jede Einzelne von uns prägt, beeinflusst auch das Engagement, abhängig vom aktuellen Energielevel des Gesprächspartners, die Möglichkeit, ein Thema ernsthaft und ergebnisreich zu besprechen.

„Lassen Sie uns doch bitte sachlich bleiben" – ein Satz, den wir wohl alle schon gehört haben und der alles andere als inhaltlich zu verstehen ist. Vielmehr ist er ein Indikator dafür, dass wir bereits tief in die Beziehungsebene abgetaucht sind. Eine Grundbedingung für ein gutes Gespräch ist, gleich beim ersten Kontakt eine gute Beziehung aufzubauen. Erst dann kann auf die Sachebene gewechselt werden. Deshalb beginnen wir ein Gespräch meist mit dem sogenannten „Smalltalk" – wir tauschen uns über mehr oder weniger belanglose Dinge aus, fragen nach dem Wochenende, dem Urlaub oder der Familie des anderen. In vielen Rollenspielen wird gerade dieser Prozess-Start auf der Beziehungsebene – erst dann Inhaltsebene, zum Ende des Gesprächs erneut Beziehungsebene – vernachlässigt. In Übungsgesprächen wird direkt in die inhaltliche Ebene eingestiegen (z. B. „Diesen Fehler in Ihrer Excel-Auswertung habe ich Ihnen rot angestrichen.")

Oft haben die Seminarleiter oder Coaches die Befürchtung, dass sie als „gefühlsduselig" oder „Warmduscher" abgestempelt werden, wenn sie nicht sofort zum Kern der Sache kommen. Oder sie gehen davon aus, dass Kommunikation auf Beziehungsebene als „angelernte, künstliche Strategie" belächelt wird („Aha, da war wohl jemand im Kommunikationsseminar und will mir gerade ein wenig Honig ums Maul schmieren, bevor er zum Punkt kommt.")

Stolperstein Beziehungsebene

Genau das ist aber der Stolperstein vieler Kommunikationsprozesse – die Verletztheit des Gegenübers auf Beziehungs- oder Prozessebene. Denn auf diesen Ebenen zu beginnen ist nicht nur etwas für nette, harmoniebedürftige Menschen – es ist essenziell, um echten Kontakt zum Gegenüber herzustellen, mit „Schwäche" hat das nichts zu tun. Übrigens haben wir durch unsere interkulturelle Trainingserfahrung festgestellt, dass es eine typisch deutsche Angewohnheit ist, ohne viel „Drumherum" auf den Kern der Sache stoßen zu wollen. Deshalb gelten „die Deutschen" im Geschäftsleben auch gerne als unhöflich und arrogant (Doser 2006).

## 5.4 Der Strichmännchen-Test – die Ok-Positionen

Wie unverzichtbar die bewusste Herangehensweise an wichtige Themen ist, zeigt sich, wenn man die Wechselwirkungen versteht, die bei Kommunikationsprozessen im Hintergrund ablaufen: Je mehr wir uns selbst akzeptieren, desto besser können wir unseren Gesprächspartner akzeptieren. Das gilt selbstverständlich auch umgekehrt: Je leichter es fällt, das Gegenüber als „okay" zu betrachten, desto besser fühle ich mich selbst (Birkenbihl 1991).

**Übung**

Stellen Sie sich die Situation „Kritik von Ihrem Chef" vor.
Zu welcher Reaktion neigen Sie am ehesten, wenn Ihr Chef Sie direct kritisiert, wenn Sie z. B. die Zahlen für den Bericht noch nicht geliefert hätten?

Der Strichmännchen-Test (Birkenbihl 1991) verdeutlicht das Prinzip der inneren Einstellung in der Kommunikation.

Strichmännchen-Test verdeutlicht innere Einstellung

Sie malen auf einem Blatt beispielsweise Ihren Chef/Ihre Chefin, Kollegen, Freunde etc. als Strichmännchen und dann zeichnen Sie sich selbst auf das Papier. Überlegen Sie:

Sehe ich mich größer/kleiner/genauso groß, wenn ich meine innere Einstellung mit der der anderen beschriebenen Personen vergleiche?

**Ok – Nicht Ok:** - „Der Idiot meckert schon wieder an mir rum."

**Nicht Ok – Ok:** - „Ich bin aber auch zu blöd, ich werd's nie hinkriegen."

**Nicht Ok – Nicht Ok:** - „Ich stell mich blöd an, – aber der Chef hat auch keine Ahnung."

**Ok – Ok:** - „Ich weiß, dass ich grundsätzlich gut arbeite. Mal sehen, ob an der Kritik etwas dran ist. Wenn ja, dann korrigiere ich das; wenn nicht, dann spreche ich den Chef noch mal an und klär das mit ihm"

Erinnern Sie sich an die Macht innerer Bilder und Einstellungen? (s. ▶ Kap. 2) Wer grundsätzlich davon ausgeht, dass in einem Menschen etwas Konstruktives steckt, wird seine Kommunikation von Anfang an anders gestalten können und sie in ein Miteinander verwandeln! Das erklärt auch, weshalb Kommunikationstechniken nicht wie Patentrezepte angewendet werden können.

Unsere innere Einstellung wird durch verbale wie nonverbale Elemente im Kommunikationsprozess mitgeteilt, ob wir wollen oder nicht. Lassen wir beispielsweise immer die Schultern hängen, sprechen leise und verschränken die Arme über der Brust, wenn der Chef unseren Bericht kritisiert, dann machen wir uns kleiner als wir sind. Aber auch das Gegenteil ist möglich: Wir stemmen unsere Arme in die Hüften und schmettern unserem Kollegen unseren Ärger darüber entgegen, dass er eine versprochene Mail immer noch nicht gesendet hat.

Das Ok-Ok-Modell macht auch klar: Es geht nicht darum, die Menschen in unserer Umgebung zu „blenden". Wir brauchen nicht immer der oder die Größte sein, wir brauchen uns aber ebenso wenig klein machen und so unsere Wahrheit und unsere Kompetenzen verstecken. Das Prinzip der „Ich-Botschaften" meint in der Kommunikation, dass ich meine persönliche Botschaft klar aussprechen und adressieren kann, z. B. „Ich habe gerade den Eindruck, dass wir aneinander vorbei reden" oder „ich bin gerade sehr irritiert". Wenn wir bewusster auf unsere aktuelle innere Einstellung achten und gleichzeitig mit den Kommunikationsebenen umgehen können, wird unsere Gesprächsführung authentischer, konstruktiver und überzeugender!

## Literatur

Birkenbihl V (1991) Kommunikationstraining. Zwischenmenschliche Beziehungen erfolgreich gestalten, 11. Aufl. mvg-Verlag, München

Doser S (2006) 30 Minuten für interkulturelle Kompetenz. Gabal Verlag, Offenbach

Konrad L Berühmte Zitat wird Prof. Konrad Lorenz österr. Verhaltensforscher, 1973 Nobelpreis zugeschrieben

Philipp AF (2010) Die Kunst des ganzheitlichen Führens. Literatur-VSM, Wien

Watzlawick P (1983) Anleitung zum Unglücklichsein, 4. Aufl. Piper, München

# „Ziele dürfen SMART sein" – auf Kurs bleiben durch klare Ziele



© Springer-Verlag GmbH Deutschland, ein Teil von Springer Nature 2019
C. Lehner, S. Weihe, *Zwischen Achtsamkeit und Pragmatismus*,
https://doi.org/10.1007/978-3-662-58915-1_6

Folgende Schritte erleichtern es, in einer Kommunikation das Ziel im Auge zu behalten:

1. Verwenden Sie einfache Sätze und sprechen Sie präzise, vermeiden Sie umständliches „Drumrumreden". Verwenden Sie eine einfache Struktur: Einleitung, Hauptteil, Schluss.
2. Setzen Sie sich klare Ziele auf der Basis des SMART-Modells: Motivierende Ziele ergänzen Ihre Argumente auf der Sachebene.
3. Visualisieren Sie ein positives Zielbild, statt „weg von" lieber „hin zu"
4. Setzen Sie sich Prioritäten im Sinne von „was ist Ihnen wirklich wichtig" (die großen Steine)
5. Lassen Sie sich auf Ihren Gesprächspartner ein:
   - Erkennen Sie die Motive und Interessen Ihres Gesprächspartners.
   - Leisten Sie Überzeugungsarbeit!

Wer beim Segeln einen sicheren Hafen erreichen will, wird sich morgens ein Ziel stecken, an dem er sich orientieren und entlang navigieren kann. Oft machen wir uns keine genauen Vorstellungen von unseren Gesprächszielen. Wir gehen unvorbereitet, mit vielen inneren Unklarheiten in wichtige Gespräche – und erleiden dadurch nicht selten ziemlichen „Schiffbruch": in Besprechungen, Kundengesprächen oder auch im Gespräch mit einem pubertierenden Teenager im Privatleben.

Im Folgenden möchten wir Sie mit verschiedenen Facetten zum Thema Ziele vertraut machen.

## 6.1 Die großen Steine

Wirklich wichtigen Dinge = Zielbilder

Zunächst eine Geschichte:

### Die wirklich wichtigen Dinge

Eines Tages hielt ein Experte für Zeit-Management einen Vortrag vor einer Gruppe Wirtschaftsstudenten und verwendete, zur Veranschaulichung seiner Botschaft, ein Bild, das diese Studenten nie mehr vergessen würden. Als er so vor der Gruppe Hochleistungs-Überflieger stand, sagte er: „Okay, es ist an der Zeit für ein Rätsel.". Dann holte er einen Steingut-Topf mit einer großen Öffnung und einem Fassungsvermögen von einer Gallone hervor, den er auf den Tisch vor sich stellte.

Dann holte er etwa ein Dutzend Faust-große Steine heraus, die er vorsichtig, einen nach dem anderen, in den Topf legte. Als er bis oben hin gefüllt war und kein weiterer Stein mehr hineingepasst hätte, fragte er: „Ist dieser Topf voll?" Jeder in der Klasse sagte: „Ja!" Daraufhin sagte er: „Wirklich?" Er langte unter den Tisch und zog einen Eimer Kies hervor.

Dann schüttete er ein bisschen Kies in den Topf und rüttelte daran, so dass sich die einzelnen Kieselsteine ihren Weg hinunter in die Hohlräume zwischen den großen Steinen bahnten.

Dann fragte er die Gruppe erneut: „Ist dieser Topf voll?". Diesmal war die Gruppe aber auf der Hut. „Wahrscheinlich nicht.", antwortete einer von ihnen. „Sehr gut!", gab er zurück. Er langte wiederum unter den Tisch und brachte einen Eimer mit Sand hervor. Er begann den Sand in den Topf zu gießen, der dann in den Platz zwischen den Steinen und dem Schotter rieselte.

Und wieder stellte er die Frage: „Ist dieser Topf voll?" „Nein!", schrie die Klasse. Erneut sagte er: „Sehr gut!". Er griff nach einem Eimer Wasser und goss es in den Topf, bis dieser randvoll war.

Daraufhin sah der Fachmann für Zeit-Management die Klasse an und fragte: „Was ist die Moral dieser Demonstration?". Ein eifriger Student hob seine Hand und sagte: „Die Aussage ist, dass man, wenn man es nur wirklich versucht, immer noch etwas in seinen Terminkalender pressen kann, egal, wie voll er bereits ist."

„Nein", antwortete der Redner, das ist es nicht, was ich damit sagen will. Die Wahrheit, die uns diese Vorführung klarmachen will, ist die folgende: Wenn man die großen Steine nicht zuerst hineinlegt, wird man sie niemals mehr alle unterbringen können. Was sind die „großen Steine" in Ihrem Leben? Ihre Kinder. Ihre Ehepartner. Diejenigen, die Ihnen am Herzen liegen. Ihre Freunde. Ihre Träume. Eine bedeutsame Aufgabe. Anderen etwas beizubringen und sie zu unterstützen. Dinge tun, die Ihnen etwas bedeuten. Zeit für sich selber. Ihre Gesundheit. Denken Sie immer daran, diese „GROSSEN STEINE" zuerst unterzubringen, anderenfalls wird Ihnen dies nie mehr gelingen. Wenn Sie sich immer nur mit dem Kleinkram (also dem Kies und dem Sand) herumplagen, dann werden Sie sich Ihr Leben lang mit unwichtigen Nebensächlichkeiten auseinandersetzen, die eigentlich gar nicht von Bedeutung sind und Sie werden niemals die wirklich wertvolle Zeit haben, die Sie für die großen, wichtigen Dinge (die großen Steine) aufwenden müssten.

Also, überlegen Sie sich, heute Nacht oder morgen Früh, wenn Sie über diese Geschichte nachdenken: „Was sind diese „großen Steine" in meinem Leben? Und legen Sie diese dann zuerst in Ihren Topf" (Covey et al. 2005).

Größere und auch kleinere „Steine = Ziele" werden selten ausdrücklich formuliert – die meisten Menschen halten es für selbstverständlich, dass sie wissen, was sie wollen. Für Gespräche und Verhandlungen kann es aber sehr nutzbringend sein zu prüfen, ob wir eine ganz klare Vorstellung oder Zielbild von unserem Ziel oder Anliegen haben.

Wikipedia definiert ein Ziel als „einen in der Zukunft liegenden, gegenüber dem Gegenwärtigen im Allgemeinen

Ziele beschreiben

veränderten, erstrebenswerten und angestrebten Zustand". Ein Ziel liegt also – logischerweise – in der Zukunft. Es beschreibt einen positiven Endzustand und kann auch als Absichtserklärung betrachtet werden. Ein Ziel ist etwas, was wir selbst aktiv erreichen können, auch wenn der Weg möglicherweise nicht ohne Hindernisse ist.

Ziele werden sehr viel eher erreicht, wenn wir unsere Sinne schärfen und wenn wir unser Sehen, Hören und Fühlen bewusst auf das Ziel ausrichten. Wenn Sie sich beispielsweise ein neues Auto kaufen möchten, kann es sein, dass Sie auf den Straßen ständig dieses Modell sehen, obwohl Sie es vorher kaum wahrgenommen haben.

Ziele wollen wohlüberlegt sein – es gibt Sachziele, in denen es zum Beispiel darum geht, Kernargumente darzustellen oder Entscheidungen herbeizuführen. Und es gibt Beziehungsziele, wie das Ziel, das Image der Abteilung zu verbessern oder den eigenen Sympathiefaktor zu erhöhen. Wir müssen uns genau überlegen, welche Ziele wir uns setzen, welche Konsequenzen sich aus ihnen ergeben können und wie unsere Umwelt wohl darauf reagieren wird. Wenn wir das Beispiel des Autokaufs weiterführen, dann könnte eine mögliche Folge auch sein, dass wir einen weiteren Kredit aufnehmen müssen und dass unser Lebenspartner darüber gar nicht erfreut ist. Auch diese Begleiterscheinungen müssen wir mit in Betracht ziehen.

**Ziele formulieren**  Der erste Schritt zu einer gelungenen Zielformulierung ist wieder unsere persönliche Einstimmung. Auch hier können Sie das mentale Gedankentraining aus ▶ Kap. 1 einsetzen:

- **Ebene Sprache:**
  Sie formulieren eine positive Grundhaltung – zum Beispiel durch positive Selbstsuggestionen wie „Ich schaffe das!" oder „Ich kann das!".
- **Ebene Bild (Visualisierung):**
  Stimmen Sie sich auf die Situation ein, indem Sie sich die Gesprächssituation genau vorstellen – vor allem, wenn ein schwieriges Gespräch bevorsteht.

Versetzen Sie sich in die Perspektive Ihres Gegenübers. Wie könnte die Reaktion ausfallen? Welche Gegenargumente könnte er/sie haben? In welcher Ausgangssituation befindet sich der Gesprächspartner („ZDF-Formel": konkrete Zahlen, Daten, Fakten – adressiert ganz klar die Sachebene, also die inhaltliche Ebene, die natürlich zentral ist.)

Stimmt die „Chemie" oder nicht? Wie sind die Sitzpositionen? An welchem Ort wird das Gespräch stattfinden? Was wollen wir mindestens/maximal erreichen, was ist der endgültige Stolperdraht, an dem wir nicht mehr von unserer Position abrücken können?

All das sind entscheidende Faktoren für eine strategische Gesprächsvorbereitung – so ähnlich werden auch Einkäufer und Lieferanten in Verhandlungstrainings geschult.

Es macht auch in unserer schnelllebigen Zeit durchaus Sinn, sich mittel- und langfristige Ziele zu setzen – ein klares, langfristiges Ziel kann die Energie unseres inneren Feuers sein. Das hilft uns, dranzubleiben und andere zu überzeugen.

## 6.2 Zielrichtung „hin zu…"

Bei der oben genannten Visualisierung, also der konkreten Vorstellung des Zielzustands ist es wichtig, folgende Punkte zu beachten:

> Stellen Sie sich ganz konkret, mit allen Sinnen vor:
> - Was soll dann sein (statt was soll dann weg sein)
> - Was beginnt dann neu (statt was hört dann auf)
> - Woran merken Sie konkret, dass das Ziel erreicht ist (bei sich selbst? Bei anderen?)

*Zielrichtung „hin zu" statt „weg von"*

Ein einfaches Beispiel:

**Beispiel**

A: „Weg von":

„Ich möchte endlich, dass ich in Teamsitzungen meine Vorschläge nicht mehr so zurückhalte und mein innerer Angsthase endlich Ruhe gibt"

B: „Hin zu"

Ich möchte mich in Teamsitzungen aufrecht hinsetzen, gut atmen und meine Vorschläge souverän mit sicherer, ruhiger Stimme einbringen.

## 6.3 Exkurs: polynesisches Segeln

Gunther Schmidt hat zum Thema Ziele die Metapher des „Polynesischen Segelns" verwendet, die in dem Buch des Seglers und Schriftstellers David Lewis, „We, the Navigators" (1994) aufgezeigt wird. Lewis beschrieb, wie die Polynesier einst ohne jegliches technisches Navigationssystem losgesegelt waren, weil sie der Überzeugung waren, da draußen gäbe es Inseln. Diese Geschichte steht für ihn für die Kunst, sich Ziele zu setzen und sie anzustreben, ohne sich von der Möglichkeit des Erreichens abhängig zu machen.

*Exkurs: Metapher „Polynesisches Segeln"*

## 6.4  SMARTE Ziele

Klassiker „SMARTE" Ziele

Das Modell der smarten Zielformulierung gehört zu den Klassikern der Gesprächsführung und hilft zuverlässig dabei, ganz konkrete, persönliche oder berufliche Zielformulierungen zu finden.

**S wie „spezifisch"** → klar und konkret formulieren:
„Ich verbessere mein Geschäftsenglisch."

**M wie „messbar"** → mit quantitativen und qualitativen Messindikatoren:
„Ich verbessere mein Geschäftsenglisch, sodass ich Schulungen auf Englisch durchführen kann."

**A wie „attraktiv"** → ein positiver Anreiz, das Ziel zu erreichen:
„Der Vorteil von gutem Geschäftsenglisch ist, dass ich als Trainer mehr Aufträge erhalte, wenn ich auch auf Englisch Trainings durchführen könnte.

**R wie „realistisch"** → ein erreichbares Ziel, bei dem die ersten Schritte klar sind und das nicht von anderen Personen abhängig ist:
„Mein Englisch zu verbessern, liegt allein bei mir; zuerst einmal recherchiere ich im Internet nach Instituten in erreichbarer Nähe, die entsprechende Kurse anbieten."

**T wie „terminiert"** → klare Terminsetzung mit Zwischenstopps:
„Ich verbessere mein Geschäftsenglisch bis zum Jahresende. Im nächsten Jahr kann ich Trainings und Präsentationen auf Englisch durchführen.

Wenn wir unsere Ziele dann auch noch schriftlich formulieren, machen wir uns selbst klar, was genau wir erreichen wollen – und auch, was uns im Gespräch besonders wichtig ist.

**Ein smartes Ziel formulieren**
**S** pezifisch

_____________________________________________

**M** essbar

_____________________________________________

**A** ttraktiv

_____________________________________________

**R** ealistisch

_____________________________________________

**T** erminiert

_____________________________________________

Smarte Ziele sind zunächst kognitiv, sie werden also im Großhirn formuliert. Wenn sie attraktiv sind und möglichst mit konkreten Bildern verbunden werden, haben wir schon das Gefühlshirn aktiviert bei der Zielformulierung. Wie können Sie nun die Regie im Gefühlshirn noch über die bildliche Vorstellung hinaus aktivieren? Wie die unwillkürlichen Anteile und das eigene intuitive Wissen mit an Bord holen?

Schreiben Sie das Ziel auf ein Blatt und legen Sie es im Raum auf den Boden. Stellen Sie sich neben das Ziel und nehmen Sie wahr: Wie reagiert mein Organismus darauf? Wie atme ich, wie fühlt sich mein Körper an? Welche Gefühle löst es in mir aus, mir das erreichte Ziel vorzustellen?

Erst wenn wir das rationale Ziel auch im Gefühlshirn stimmig „abgesegnet" haben, können wir mit ganzer Kraft loslegen.

## Literatur

Covey S, Merill AR, Merrill RR (2005) Covey Leadership Center: Der Weg zum Wesentlichen. Campus, Frankfurt/Main

Lewis D (1994) We the navigators: ancient art of landfinding in the Pacific (Englisch) Taschenbuch. University of Hawai'i Press, Honolulu

Schmidt G. Handout: ▶ www.klinikum.uni-heidelberg.de/fileadmin/Psychosomatische_Klinik/Ringvorlesung/Hypnosystemische_Strategien_handout.pdf

# „Mit den Ohren wackeln?" – ein Klassiker bleibt aktuell: Aktives Zuhören




© Springer-Verlag GmbH Deutschland, ein Teil von Springer Nature 2019
C. Lehner, S. Weihe, *Zwischen Achtsamkeit und Pragmatismus*,
https://doi.org/10.1007/978-3-662-58915-1_7

1. Von der Fähigkeit zuzuhören hängt im Wesentlichen ab, ob wir effizient Botschaften im Sender-Empfänger-Modell übermitteln können.
2. Ein zentrales Kommunikationsinstrument in Verbindung mit aktivem Zuhören ist die Rückkopplung des Gesagten mit unterschiedlichen Kommunikationstools wie: den Inhalt des anderen umformulieren, nachfragen oder zusammenfassen des Gesagten.
3. Entscheidend ist eine aufgeschlossene innere Haltung, also die Bereitschaft, sich auf das Gegenüber einzulassen und seine „innere Landkarte" zu verstehen.

## 7.1  Präsent sein schafft Vertrauen

Wenn uns jemand wirklich zuhört, gibt uns das das Gefühl, verstanden und wertgeschätzt zu werden – deshalb ist Zuhören eine zentrale Kommunikationskompetenz.

Das mag nun vielleicht nichts Neues sein, doch obwohl allgemein bekannt ist, wie wichtig richtiges Zuhören ist, trifft man nur selten auf Menschen, die wirklich zuhören können. Überlegen Sie doch mal ganz in Ruhe: Wen kennen Sie, ob aus Ihrem privaten oder geschäftlichen Umfeld, der wirklich zuhört?

Wenn jemand wirklich gut zuhört, stehen wir im Mittelpunkt seines Interesses. Wir haben das Gefühl, dass unsere Meinung zählt, dass wir „etwas wert sind", dass wir etwas zu sagen haben.

Nutzen des aktiven Zuhörens

Von der Fähigkeit zuzuhören hängt im Wesentlichen ab, ob wir effizient Botschaften im Sender-Empfänger-Modell übermitteln können. Zuhören ist hier eine funktionale Notwendigkeit. Der amerikanische Psychologe und Psychotherapeut Carl Rogers (2004) beschrieb „aktives Zuhören" als zentrales Instrument für guten Kontakt. Denn dieses „aktive Zuhören" dient dazu, gegenseitiges Vertrauen aufzubauen und einen wertschätzenden Umgang zu fördern.

In „The Helping Hand", einem Lehrfilm für Manager mit John Cleese, fragt die Führungskraft ziemlich genervt: „Aktiv zuhören – was soll das sein? Soll ich mit den Ohren wackeln?" Gemeint ist die Fähigkeit, sich ganz auf das Zuhören einzulassen; nicht gleichzeitig andere Dinge im Kopf zu haben, nicht über Ihre heutige To-do-Liste nachzudenken und auch nicht schon insgeheim Ihre Antwort zu formulieren.

## 7.2  Aktiv zuhören – ganz konkret

Merkmale des aktiven Zuhörens

Stellen Sie sich folgende Situation vor: Sie telefonieren und hören dabei mehrmals, dass Ihr Gegenüber gleichzeitig Mails bearbeitet oder die Geschirrspülmaschine ausräumt. Was geht in Ihnen vor – vor allem, wenn es um ein Thema geht, das Ihnen wirklich wichtig ist?

Carl Rogers (2004) hat die wesentlichen Merkmale benannt, die „aktiv zuhören" ausmachen:

- Sich NUR auf das Gegenüber konzentrieren und
- diesen Prozess durch die eigene Körperhaltung unterstützen (Nicken, Blickkontakt, Zuwendung des Oberkörpers, entsprechende Mimik und Gestik) (s. a. ▶ Kap. 9).
- Kleinere verbale Äußerungen (Schlüsselworte) wie „Mhm", „aha", „ach", „Das ist ja interessant!"
- Bei Unklarheiten nachfragen.
- Zuhören und VERSTEHEN heißt nicht, EINVERSTANDEN sein, ein immer noch oft verbreitetes Missverständnis.
- Pausen des Gegenübers aushalten können.
- Eigene Gefühle wahrnehmen können.

In unserer schnelllebigen Zeit ist aktives Zuhören mehr denn je gefragt – aber auch eine größere Herausforderung. Oft sind wir sehr mit uns selbst beschäftigt und wollen vor allem unsere eigenen Geschichten loswerden.

Die folgenden sieben „Untugenden im Gespräch", oder manchmal auch umgangssprachlich als „Killerphrasen" in der Gesprächsführung bezeichnet, bewirken dagegen Misstrauen, Abwehr, Frust – Sie kennen sie sicherlich:

> *Killerphrasen in der Kommunikation*

- Bagatellisieren, ablenken: „Ist doch gar nicht so schlimm."
- Beschuldigen: „Du bist doch derjenige, der nie die Termine einhält."
- Drohen: „Noch einmal, und Du bist den Job los!"
- Eigene (schlimmere) Geschichte erzählen: „Das ist doch gar nichts! Damals bei mir in Frankfurt …"
- Simple und voreilige Ratschläge geben: „Ok, dann schauen wir uns doch gleich mal gemeinsam die Tabelle xyz an."
- Ironisieren: „Kein Wunder – bei Deinem Talent, in Fettnäpfchen zu treten …"
- Ignorieren: „…"

Aktives Zuhören erfordert volle Konzentration und Aufmerksamkeit: Es verlangt die Wahrnehmung der verschiedenen Kommunikationsebenen, inklusive der Überprüfung unserer eigenen Wahrnehmungen, Interpretationen und Bewertungen, ohne diese gleich dem anderen an den Kopf zu werfen.

Grundregeln des aktiven Zuhörens sind:

> *Grundregeln des aktiven Zuhörens*

- Zuhören
- Ausreden lassen
- Wiederholen der Aussage des Gesprächspartners mit dessen Worten
- Zusammenfassen der Aussage des Gesprächspartners mit eigenen Worten

- Interesse und Aufmerksamkeit signalisieren, z. B. durch zugewandte und offene Körperhaltung, Nicken, Blickkontakt, Ja-Signale, Schlüsselworte („Mhm", „aha", „ach", „oh", sogenannte „Grunzlaute")
- Gefühle widerspiegeln („Sie erscheinen mir gerade sehr verärgert über die Kollegin Fr. Meier.")
- Sich selbst erst einmal zurückhalten mit eigenen Argumentationen
- Vertiefende Fragen.

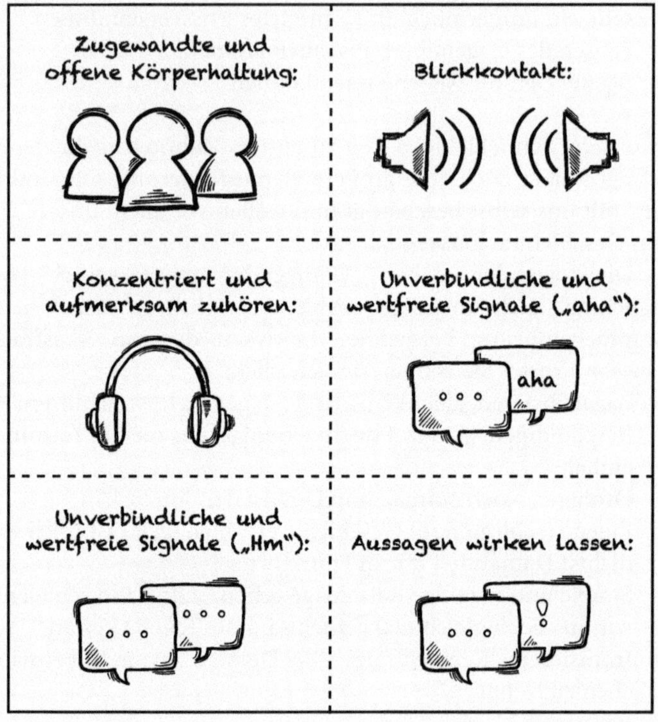


Rückkopplung

Rückkopplung

Ein weiteres Kommunikationsinstrument in Verbindung mit aktivem Zuhören ist die Rückkopplung des Gesagten: Dies gelingt mit Kommunikationstools wie: den Inhalt des anderen umformulieren, nachfragen oder zusammenfassen.

Die folgenden Formulierungen sind weitere konkrete Beispiele, die dem Gegenüber signalisieren: Ich will dich wirklich verstehen...

- „Sie haben das Gefühl, dass …"
- „Wenn ich Sie jetzt richtig verstehe …"
- „Habe ich Sie jetzt richtig verstanden, dass …"
- „Sie meinen also damit, dass …"
- „Sagen Sie mir, wenn ich mich irre, …"
- „Ich höre heraus, dass …"
- „Es klingt so, als ob …"
- „Ich habe den Eindruck, Sie sind geschockt, genervt, zufrieden, …"
- „Sie fühlen sich also unter Druck etc. gesetzt …"

Formulierungshilfen für eine gelungene Rückkopplung

Reflektiert man vorzugsweise die Gefühle des Gesprächspartners, ist jedoch immer Vorsicht geboten: „Sie fühlen sich also genervt …" kann auch ein Fettnäpfchen sein. Üben Sie Ihre Zuhör-Kompetenz also am besten zuerst einmal mit neutraleren Formulierungen.

Entscheidend beim aktiven Zuhören ist aber nicht nur die Technik. Grundvoraussetzung ist vor allem eine aufgeschlossene innere Haltung, also die Bereitschaft, sich auf das Gegenüber einzulassen und seine „innere Landkarte" zu verstehen. Rückkopplung klingt dann auch nicht so konstruiert und hölzern, wie es beim Lesen der Techniken oben vielleicht erst einmal scheint, sondern ist ein ganz natürliches Verhalten in einem guten Gespräch.

**Zusammenfassung**
Aktives Zuhören: Meine drei wichtigsten Punkte
Notieren Sie sich hier, welche drei Punkte aus dem oben
Genannten Sie ausprobieren möchten:

1. ______________________________________________

2. ______________________________________________

3. ______________________________________________

**7**

## Literatur

John Cleese Manager-Lehrfilm, Beispielsweise erhältlich bei: ► http://www.arow.biz.
Rogers CR (2004) Entwicklung der Persönlichkeit, Psychotherapie aus der Sicht eines Therapeuten, 15. Aufl. Klett-Cotta, Stuttgart

# „Mitgefühl aus meiner Mitte" – Empathie als Schlüsselkompetenz



© Springer-Verlag GmbH Deutschland, ein Teil von Springer Nature 2019
C. Lehner, S. Weihe, *Zwischen Achtsamkeit und Pragmatismus*,
https://doi.org/10.1007/978-3-662-58915-1_8

1. Empathie bedeutet, ein ehrliches Interesse am anderen und seinen Erlebnissen zu zeigen – und gleichzeitig bei sich selbst und den eigenen Bedürfnissen bleiben zu können
2. Sich für andere zu interessieren ist mit Empathie untrennbar verbunden. Erkundigen Sie sich deshalb mit echtem Interesse, wie es dem anderen geht, was ihn gerade bewegt, was er mag oder ablehnt.
3. Empathiefähigkeit hat auch ihre Grenzen. Achten Sie darauf, anderen ihren persönlichen Raum zu lassen
4. Empathie ist ansteckend. Wenn Sie sich einfühlsam verhalten, sind Sie anderen ein Vorbild und verändern die Atmosphäre.

Der Schlüssel für erfolgreiche Kommunikation besteht in echtem Einfühlungsvermögen und ehrlicher Empathie. Der Psychologe und Kommunikationsexperte Marshall Rosenberg zitiert dazu ein buddhistisches Sprichwort: „Tu nicht irgend etwas, sei einfach da" (Rosenberg 2016). Das bedeutet: präsent sein und aufnehmen, welche Themen und Emotionen für unseren Gesprächspartner zentral sind: Worin will er sich verstanden fühlen? Was ist ihm wirklich wichtig? Es bedeutet auch: die eigenen Ratschläge, die eigene Meinung oder eine Beschwichtigung erst einmal „auf Eis" zu legen.

## 8.1 Empathie braucht Balance

Ein hohes Maß an Empfindsamkeit ist manchmal Fluch und Segen zugleich: einerseits ist Emotionale Intelligenz, also die Fähigkeit, sich empathisch einzufühlen, ein zentraler Aspekt eines gelungenen Gesprächs. Wer nicht wirklich ein Stück „in den Mokassins des anderen" gehen kann, wird den Gesprächspartner auch nicht erreichen.

Ist eine Person aber „zu empathisch", verliert sie sich selbst im Gespräch – für sie ist es wichtig zu lernen, sich abgrenzen zu können. Dazu ist es sinnvoll, die Bedürfnisse des „zu empathischen" inneren Anteils zu kennen und zu würdigen (s. ▶ Kap. 4).

Empathie bedeutet ehrliches Interesse

Empathie bedeutet: Ein ehrliches Interesse am anderen und seinen Erlebnissen zeigen – und gleichzeitig bei sich selbst und den eigenen Bedürfnissen bleiben zu können. Der Schlüssel zur Empathie mit anderen Menschen liegt in der Empathie mit und der Reflexion über sich selbst!

Überlegen Sie einen Moment: Was ist eher mein Lernfeld – mich selbst im Blick behalten oder den Gesprächspartner besser erfassen zu können?

Schon seit unserer Kindheit haben wir – in westlichen Ländern sehr üblich – gelernt, die Sachebene zu fokussieren. Es wird analysiert, sondiert, beraten, ja, sogar wie selbstverständlich bewertet und belehrt.

Kommunikation wird – wenn auch oft unbewusst – häufig als Machtspiel verstanden. Unsere innere Grundhaltung ähnelt, zugespitzt formuliert, einer Aussage wie: „Was du sagst und wie du dich verhältst, ist nicht richtig. Meine Inhalte, mein Verhalten sind besser." Schon der kleinste Anflug von Kritik, Bevormundung oder Ironie kann den Kontakt zu unserem Gesprächspartner zerstören. In der Folge kommt unser Gesagtes nicht an, sondern landet auf sogenannten „Nebenkriegsschauplätzen".

Wir verstehen Kommunikation als Prozess, der beim Empfänger etwas anstößt, was nie ganz vorhersehbar ist. Denn Menschen und soziale Systeme lassen sich nicht direkt steuern oder beeinflussen. Vielleicht kann Ihnen diese Erkenntnis prinzipiell ein Stück mehr Gelassenheit geben

Beobachten Sie einmal in Ihrem Alltag ganz bewusst: Wo haben Sie oder die Anderen Gesagtes vorschnell bewertet? Wann versucht jemand, Sie wirklich zu verstehen? Wie fühlen Sie sich mit den verschiedenen Kommunikationsstilen? Erst verstehen, dann verstanden werden – so lautet das Prinzip der erfolgreichen und souveränen Kommunikation nach Covey (2009).

Kommunikation als Prozess

## 8.2  Empathie ganz konkret

Konkret kann das bedeuten:

Empathie ganz konkret

- **Vorurteile beiseite schieben**
Begegnen wir einem Menschen mit Vorurteilen, ist die Gefahr groß, einiges zu übersehen. Wir lassen uns von unserem inneren Bild leiten statt von dem, was wir wahrnehmen. Der innere Beobachter kann dabei unterstützen, möglichst offen und vorurteilsfrei auf andere Menschen zuzugehen.

- **Das Verhalten anderer hinterfragen**
Empathie bedeutet auch, die Beweggründe des anderen für sein Verhalten zu verstehen. Fragen Sie deshalb häufiger: Weshalb machst du das so? Was genau ist dir dabei wichtig? Wie triffst du Entscheidungen? Die Kunst dabei ist es, die Fragen nicht übergriffig oder vorwurfsvoll klingen zu lassen, sondern neugierig. Wenn das Gegenüber bereit ist zu antworten, können wir viele wichtige Dinge über ihn oder sie lernen und in Zukunft vielleicht besser verstehen.

- **Die eigenen Gefühle kennenlernen**
Wenn wir unsere eigenen Gefühle nicht wahrnehmen und einordnen können, ist es fast unmöglich, die der anderen zu erkennen. Beginnen Sie deshalb bei sich selbst: Beobachten Sie Ihre Gefühlsregungen und versuchen Sie, den Auslöser für eine bestimmte emotionale Reaktionen zu finden. Wie zeigen

Sie Ihre Gefühle nach außen? Die Chance ist hoch, dass sich Emotionen bei anderen Menschen ähnlich äußern. Im nächsten Schritt stellen Sie sich die Frage: Was brauche ich in einer bestimmten Situation?

- **Das Umfeld beobachten**

Ein wacher Blick ist entscheidend, um Empathie zu entwickeln. Nehmen Sie bewusst wahr, wie sich andere verhalten. Wenn Sie möchten, setzen Sie sich einfach einmal für eine Stunde in ein belebtes Café und beobachten Sie, wie sich die Menschen dort verhalten. Wie begrüßen sie sich? Was tun sie? Was verrät ihre Körpersprache?

- **Interesse zeigen**

Sich für andere zu interessieren ist mit Empathie untrennbar verbunden. Erkundigen Sie sich deshalb mit echtem Interesse, wie es dem anderen geht, was ihn gerade bewegt, was er oder sie mag oder ablehnt. Lernen Sie Ihre Mitmenschen ein Stück besser kennen, dann ist es auch viel leichter, sich in sie hineinzuversetzen.

- **Empathie von anderen lernen**

Sicher kennen Sie Menschen, denen es ganz leicht fällt, sich in andere hineinzuversetzen. Bitten Sie einen solchen Menschen, Sie bei Ihrem Bemühen um bessere Empathie zu unterstützen. Unterhalten Sie sich über mögliche Situationen und passende Reaktionen.

- **Mitgefühl von Mitleid unterscheiden**

Mitgefühl bedeutet, die Gefühle der anderen nachempfinden zu können. Mitleid bedeutet, selbst Leid zu empfinden. Mitgefühl ist hilfreich und tut dem anderen gut. Mitleid schadet eher, denn das eigene Leid blockiert die Empathiefähigkeit und macht es Ihnen viel schwerer, Lösungsmöglichkeiten zu sehen und sensibel auf den anderen einzugehen.

- **Lesen Sie zwischen den Zeilen**

Was andere Menschen sagen, ist nur ein kleiner Teil der eigentlichen Botschaft. Vieles bleibt unausgesprochen, ist aber ebenso Teil der Kommunikation. Versuchen Sie, die Informationen zu erkennen, die zwischen den Zeilen stehen. Dazu ist es hilfreich, vor dem Reagieren einen Moment innezuhalten und nachzuspüren.

Wenn Sie den Eindruck haben, es gibt etwas Unausgesprochenes zwischen Ihnen, könnten Sie eine Art „Versuchsballon" ausprobieren, z. B. „Ich habe den Eindruck, Ihnen liegt noch etwas am Herzen."

- **Umgeben Sie sich bewusst mit unterschiedlichen Menschen**

Je mehr unterschiedliche Menschen Sie kennen, desto leichter fällt es Ihnen, offen zu sein und auch Lebenskonzepte zu verstehen, die sich stark von Ihrem eigenen unterscheiden. Erinnern Sie sich vielleicht an eine Reise in eine ganz andere Kultur: Sie können leichter die Sichtweisen, Gefühle und Probleme bestimmter Personengruppen und -typen nachvollziehen, wenn Sie öfter mal über den Tellerrand schauen.

- **Seien Sie nachsichtig mit anderen**

Mitgefühl kann manchmal dabei helfen, Ärger zu reduzieren. Sich über andere Menschen aufzuregen, das passiert allzu schnell. Was wir dabei leicht übersehen: Meistens stecken Gründe hinter dem nervigen Verhalten. Vielleicht muss die Kollegin, die immer ein paar Minuten zu spät kommt, so viele Alltagsaufgaben leisten, dass diese kaum zu organisieren sind. Vielleicht hat sie gerade noch einen wichtigen Anruf bekommen oder ihr Kind ist krank und sie musste die Betreuung klären. In den meisten Fällen können Sie nicht wissen, was wirklich hinter einem Verhalten steckt.

- **Achten Sie auf den eigenen Energiehaushalt**

Empathie ist eine wichtige Fähigkeit, die aber auch Gefahren birgt: Achten Sie darauf, sich selbst nicht zu überfordern.

- **Wahren Sie die nötige Distanz**

Empathiefähigkeit hat auch ihre Grenzen. Achten Sie darauf, anderen ihren persönlichen Raum zu lassen. Niemand möchte mit Mitgefühl, Lösungsvorschlägen und Ratschlägen überschüttet werden. Und nicht jeder möchte über die eigenen Gefühle sprechen. Nehmen Sie achtsam wahr, was Ihr Gegenüber braucht (und wo Ihre Grenzen sind) und ziehen Sie sich rechtzeitig zurück.

Die konkreten Werkzeuge der Empathie in einer Gesprächssituation sind identisch mit denen des aktiven Zuhörens – sie beziehen sich jedoch mehr auf die emotionale Ebene:

> **Unterschied aktives Zuhören – Empathie zeigen**

- Körpersprache, wie offene Haltung, Augenkontakt, Nicken – damit positive Impulse setzen und Interesse bekunden
- Gefühle anerkennen und widerspiegeln, z. B. „Ich habe den Eindruck, Du bist verärgert über …" mit dem Ziel, Raum für Emotionen zu geben, Mitgefühl zu signalisieren, bewusst Emotionen zu thematisieren
- Zusammenfassen, Gesprächsergebnisse festhalten
- Paraphrasieren, also das Gehörte mit eigenen Worten wiedergeben, um damit Aufmerksamkeit zu zeigen und Verständnis, eben: Empathie zu zeigen

— Und last, but not least: Empathie ist ansteckend. Wenn Sie sich einfühlsam verhalten, sind Sie anderen ein Vorbild und verändern die Atmosphäre.

## Literatur

Rosenberg BM (2016) Gewaltfreie Kommunikation, Aufrichtig und einfühlsam miteinander sprechen, neue Wege in der Mediation und im Umgang mit Konflikten 12. Aufl. unfermann, Paderborn, S 95
Stephen R (2009) Covery: Die sieben Wege zur Effektivität, Prinzipien für persönlichen und beruflichen Erfolg 15. Aufl. FranklinCovey/GABAL Verlag, Offenbach

**8**

# „Sie sehen heute aber gut aus" – Die Macht der Körpersprache nutzen

1. Unsere Erscheinung, Körperhaltung und Stimme haben also einen großen Einfluss auf die Konstruktivität unserer Gespräche – das können wir bis zu einem gewissen Grad steuern.
2. Übereinstimmend zu kommunizieren bedeutet, dass Inhalts- und Beziehungsebene, also gesprochene und alle oben aufgeführten nonverbalen Faktoren zusammenpassen. Das führt zu der sogenannten Kongruenz in der Kommunikation.
3. Nehmen Sie die gesprochenen Worte wahr und achten Sie bewusster auf den Ausdruck der Körpersprache.

Ihre (positive) Körpersprache wirkt mehr als 1000 Worte!

Körpersprache ist mächtig – mächtiger als das, was wir mit gesprochenen Worten sagen. Unsere Ausstrahlung bleibt einem Gesprächspartner viel nachhaltiger im Gedächtnis als der reine Sachinhalt des Gesprächs. Unsere Erscheinung, Körperhaltung und Stimme haben also einen großen Einfluss auf die Konstruktivität unserer Gespräche – das können wir uns zunutze machen! Sympathie und emotionale Glaubwürdigkeit sind Voraussetzungen dafür, dass unsere Argumente wirklich mehr gehört und akzeptiert werden (vgl. Thiele Albert, Argumentieren unter Stress 2007).

## 9.1  Körpersprache bestimmt die Atmosphäre

Kommt beispielsweise ein Kollege in Ihr Büro und sagt, „Sie sehen heute aber gut aus", dann sind es nicht die reinen Worte, die unsere Reaktion bestimmen. Alles was mitschwingt, von Tonfall, Lautstärke und Körperhaltung über Mimik und Gestik gehören zu besagter Beziehungsebene. Wenn Sie den Kollegen bereits gut kennen, merken Sie sofort, ob dieser Satz ernst gemeint war oder vielleicht eher ironisch.

80 % des Gesagten beziehen sich auf diese Beziehungsebene, mit nonverbalen Anteilen wie Mimik (Blickkontakt und Gesichtsausdruck), Körperhaltung, Gestik, sowie auf Tonfall, Modulation und Artikulation.

Im Klartext heißt das: Es kommt häufig mehr darauf an, WIE Sie etwas sagen. Was Sie ausdrücken wollen, ist häufig zweitrangig. Manchmal ziehen Teilnehmer – und noch öfter Teilnehmerinnen – unserer Trainings aus dieser Erkenntnis den Schluss, es sei ausreichend, sich nur um das „Wie" zu kümmern: Den Fokus also auf Bekleidung, nettes Lächeln und feste Körperhaltung zu legen. Doch so einfach ist die Sache mit der Körpersprache nicht. Es geht darum, eine positive Atmosphäre zwischen sich und dem Kommunikationspartner zu entwickeln. Auf dieser Grundlage erst kann der Inhalt effektiv platziert werden. Nur Verpackung ohne Inhalt zu verkaufen ist nicht empfehlenswert – „mehr Schein als Sein" kommt nicht gut an bei Gesprächspartnern und kann langfristig sogar schaden.

Was wir sagen, wie wir es sagen

### Übung

Probieren Sie es aus. Mit dem folgenden kleinen Experiment können Sie auf unkomplizierte Weise, aber sehr wirkungsvoll die Bedeutung der Körpersprache an sich selbst ausprobieren: Stellen Sie sich vor, Sie sind eine dynamische Führungskraft.

Nun stellen Sie sich hin, mit hängenden Schultern, Blick nach unten, Rücken gebeugt, und Sie sagen zu sich selbst: „Heute mache ich eine klasse Kundenpräsentation."

Und dann probieren Sie das Gegenteil:

Sie richten sich auf, nehmen eine straffe Körperhaltung ein, strahlen sich im Spiegel an, und Sie sagen sich: „Heute gehts mir wieder mal schlecht. Alle werden sich negativ über mich äußern."

Schon beim Lesen der Beschreibung werden Sie erkannt haben, dass beides fast unmöglich ist – unsere Körpersprache unterstreicht unser Gesagtes, Kommuniziertes. Deshalb zeigt unsere Körpersprache unserem Gegenüber auch meist schon, wie es uns wirklich geht – bevor wir überhaupt etwas sagen.

Körpersprachliche Signale sind schwer trainierbar – in ▶ Kap. 1 haben wir Ihnen den Aufbau des Gehirns gezeigt und erklärt, dass bei jeglichem menschlichen Miteinander zunächst immer das limbische System und nicht das Großhirn Regie führt – und das lässt sich nicht so leicht etwas vormachen. Einige unserer Teilnehmer haben sich zwar zum Beispiel eine bestimmte Gestik oder Körperhaltung antrainiert, um im Business sicherer und souveräner zu wirken. Doch das Gegenüber wird trotzdem – bewusst oder unbewusst – wahrnehmen, wenn die Mimik unstimmig ist und das Lächeln nicht aus den Augen kommt, wenn der Fuß nervös unter dem Tisch auf und ab wippt oder die Präsentationsmaus zittert. Unser Tipp ist deshalb immer wieder: Seien Sie präsent, nehmen Sie Ihre innere Stimmung bewusst wahr und seien Sie lieber „selektiv authentisch" nach Ruth Cohn (s. ▶ Kap. 3) anstatt dass Sie der Hochglanzkultur des Blendens folgen. Langfristig wird sich das lohnen.

> Körpersprachliche Signale

## 9.2 Passt die Wellenlänge? Pacing und Rapport

Übereinstimmend zu kommunizieren bedeutet, dass Inhalts- und Beziehungsebene, also gesprochene und alle oben aufgeführten nonverbalen Faktoren zusammenpassen. Das führt zu Kongruenz in der Kommunikation. Oftmals wird eine Unstimmigkeit in der Kommunikation, also eine Inkongruenz, von den Zuhörern nur unbewusst wahrgenommen – wenn beispielsweise der Vertriebschef in seiner Kundenpräsentation versucht, Begeisterung und Motivation für das neue Produkt zu vermitteln, seine Stimme jedoch über lange Strecken monoton klingt, und er sich stellenweise sogar vom Publikum abwendet

> Kongruenz in der Kommunikation

(vgl. Etrillard, Spitzengespräche: faire Kommunikation durch gekonnte Gesprächsführung 2006).

Selbst wenn das Großhirn das nicht bewusst wahrnimmt – im limbischen System bewirkt Inkongruenz ein Unbehagen – analog dem oben dargestellten Beispiel – dann wirkt der Vertriebschef ingesamt wenig überzeugend in seiner Kundenpräsentation. Er kann das Publikum nicht begeistern für das vielleicht tolle Produkt und der berühmte „Funken" springt nicht über auf seine für ihn wichtige Zielgruppe.

**9**

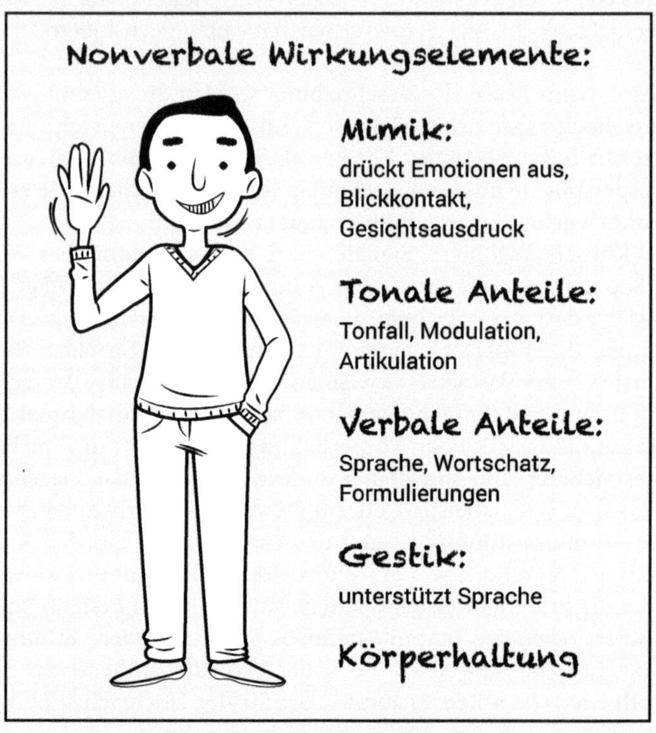


Pacing

Schaffen wir es, mit einem Gesprächspartner auf eine Wellenlänge zu kommen, wird von „Pacing", übersetzt „Spiegelung", gesprochen – ein Begriff aus dem neurolinguistischen Programmieren (NLP). (vgl. Sawizki 2007, 30 min für erfolgreiches NLP im Alltag.)

Spiegelung der Körpersprache bedeutet, die eigene Körpersprache an die des Gegenübers anzupassen. Ist unser Gesprächspartner sympathisch, geschieht dieser Prozess nahezu automatisch – wir spiegeln die Sitzstellung, Beinhaltung, Armbewegungen, Atmung, aber auch die Sprechweise, Stimmlage, Wortwahl und Tonfall. Diesen Prozess kann man aber auch bewusst üben – am besten zunächst einmal mit Freunden, nicht gleich mit wichtigen Geschäftspartnern.

Eine aufrechte Körperhaltung bei verschlossener oder eher kritischer Einstellung des Gegenübers signalisiert Selbstvertrauen und Sie können sich vielleicht besser positionieren. Aber Achtung – auch das ist kein Patentrezept. Jedoch kann ich mit meiner Körperhaltung auch eine Spiegelung beim Gegenüber hervorrufen: Gehe ich also aufgeschlossen und motiviert ins Gespräch und zeige das nach außen, dann kann dieser meine Vorschläge eventuell genauso aufgeschlossen und motiviert aufnehmen.

Dieses Pacing erzeugt einen so genannten „Rapport", einen guten Draht zum unserem Gesprächspartner. Meistens stellen wir den Rapport zu unserem Gegenüber unbewusst her, indem wir in derselben Stimmlage sprechen, im selbem Tempo reden, dieselben Redensarten verwenden.

Schlecht oder übertrieben angewandt, kann Pacing aber auch schnell aufgesetzt wirken – es ist also Vorsicht geboten: Es geht lediglich um das Übernehmen kleiner Akzente.

An dieser Stelle möchten wir auch klarstellen, dass wir zwar eine motivierte, konstruktive Gesprächsatmosphäre fördern möchten, aber sicherlich keine Tipps für Manipulationsversuche geben wollen. Im Übrigen könnte es Ihnen passieren, dass Sie auf einen versierten Gesprächspartner stoßen könnten, der derartige Bestrebungen schnell durchschaut.

Das Ziel eines guten Rapports mithilfe körpersprachlicher Signale ist also ein angenehmes, vertrauensvolles Gesprächsverhältnis. Das umfasst gegenseitigen Respekt und die Signalisierung von Verständnis. Es geht darum, authentisch zu kommunizieren, das heißt: eine Balance zu finden zwischen eigenem Selbstverständnis und der äußeren Situation bzw. Rahmenbedingungen.

Unser Tipp: Nehmen Sie sich öfter einmal Zeit und beobachten Sie andere Menschen – in Restaurants und Hotels, in Bahnhöfen und Flughäfen, in Supermärkten und Behörden. So können Sie ausgezeichnet studieren, wie Körpersprache – meist unbewusst – wirkt.

Nehmen Sie nicht (nur) die gesprochenen Worte wahr, sondern achten Sie vor allem auf den Ausdruck der Körpersprache. Sie werden schnell merken, ob zwei Menschen die gleiche Wellenlänge haben, ob sich ihre körpersprachlichen Signale ähnlich (zumindest im unseren kulturellen Raum) äußern. Wenn sich zwei Gesprächspartner in einem Restaurant zum Beispiel gut verstehen, werden sie sich gleichzeitig vorbeugen, um ihr Glas oder Besteck zu nehmen, ihre Armhaltung gleichzeitig verändern etc.

Rapport – der gute Draht

**Übung**

Probieren Sie die folgenden Tipps aus bis alles ganz natürlich und selbstverständlich für Sie wird.

- Sorgen Sie dafür, dass Sie sich in Ihrem Outfit wohlfühlen.
- Nehmen Sie Blickkontakt langsam auf, lassen Sie sich Zeit zur gegenseitigen Wahrnehmung.
- Bauen Sie durch Ihre ersten Worte zuerst die Beziehungsebene auf. Üben Sie „Small-talk".
- Achten Sie auf die richtige Distanz, den Gesprächsabstand zu Ihrem Gegenüber.
- Nehmen Sie eine entspannte und gerade Körperhaltung ein.
- Achten Sie darauf, dass Ihr Händedruck weder zu fest noch zu lasch ist.
- Nehmen Sie im 90-Grad-Winkel Platz.
- Beobachten Sie die Körperhaltung Ihres Gegenübers. Seien Sie auch aufmerksam, wie es Ihnen selbst geht – schalten Sie Ihren inneren Beobachter ein!

Erinnern Sie sich an die Bilder, die Sie bei den „Qualitäten des Selbst" in ► Abschn. 2.2 gefunden haben? Diese Bilder können Ihnen helfen, eine stimmige, sichere Körperhaltung einzuüben – nicht, indem Sie Anderen etwas vorgaukeln, sondern mit dem Ziel, dass diese Körperhaltung ein tatsächlich vorhandenes souveränes neuronales Netzwerk von mentaler Stärke in Ihrem Gehirn aufruft.

## Literatur

Sawizki ER (2007) 30 Minuten für erfolgreiches NLP im Alltag, 4. Aufl. GABAL, Offenbach a. M.
Stephane E (2006) Spitzengespräche, faire Kommunikation durch gekonnte Gesprächsführung. Junfermannsche Verlagsbuchhandlung, Paderborn, S 33
Thiele A (2007) Argumentieren unter Stress, wie man unfaire Angriffe erfolgreich abwehrt, 2. Aufl. dtv, München

# Die „Warum-Falle" – wie Sie die richtigen Fragen stellen

- Gute Fragen motivieren und verhindern Reibungsverluste
- Nutzen Sie unterschiedliche Frageformen je nach Phase und Zielsetzung des Gesprächs
- Sogenannte „W-Fragen" halten das Gespräch im Fluss
- „Judo-Verhandeln" kann das Gespräch wieder auf die Sachebene zurückbringen
- Diese zentralen Bestandteile machen ein gutes Gespräch aus: sich interessieren, aktiv zuhören, persönliche Themen mit einbringen, durch gezielte Fragetechniken steuern, die Gesprächsführung übernehmen können nach Bedarf

> » Ob ein Mensch klug ist, erkennt man viel besser an seinen Fragen als an seinen Antworten.
> (Pierre Marc Gaston Duc de Lévis, 1764–1830)

Im Geschäftsleben nehmen sich viele Menschen häufig nicht die Zeit, die Belange Ihrer Kollegen, ihrer Mitarbeiter, ihrer Kunden gründlich auszuloten und durch kluge Fragen zu ergründen, wo ein tatsächlicher Unterstützungsbedarf liegt. Die Informationsgewinnung bleibt dünn, relevante Fakten und Probleme werden zu spät erkannt – einfach weil es vielen Leuten nicht gelingt, zum richtigen Zeitpunkt die richtigen Fragen zu stellen. Irgendwie scheint das Fragen und Zuhören nicht ins Bild des souveränen „Businessmenschen" zu passen, der beherzt Entscheidungen trifft, die Wegrouten vorgibt und immer weiß, was zu tun ist.

Doch nur gut gesetzte Fragen verhindern Missverständnisse und darauf aufbauende falsche Maßnahmen oder Konflikte. Mit anderen Worten: Kluge Fragen mögen zunächst einmal Zeit und Mühe kosten – doch sie verhindern eine Menge Reibungsverlust und Enttäuschungen. Mit entsprechender Fragekompetenz können Führungskräfte und Mitarbeiter die vielfältigen Funktionen, die Fragen beinhalten, gezielt nutzen, um sich die Arbeit zu erleichtern und gleichzeitig den anderen zu motivieren und wirklich zu VERSTEHEN, was dem Anderen wichtig ist und worin seine Botschaft liegt.

## 10.1  Gute Fragen wecken Sympathie

Dabei ist unter Fragekompetenz die Fähigkeit zu verstehen,
- in der passenden Situation,
- unter Berücksichtigung des entsprechenden Know-hows und des nötigen Hintergrundwissens,
- in optimaler Art und Weise,
- eine geeignete Frage so zu formulieren
- und die entsprechenden Antworten aufzunehmen,
- dass die Ziele des Fragenden möglichst erreicht werden

- ohne dabei den Befragten in unangenehmer Weise zu nahe zu treten sowie in Rechtfertigungszwang zu bringen. Das meinen wir, wenn wir von der sogenannten „Warum-Falle" sprechen. Mit dem Begriff „Warum haben Sie das oder das nicht gemacht?" wird der Befragte sehr schnell in die Verteidigung und Defensive gebracht. Woher kommt das? Die meisten Menschen haben im emotionalen Erfahrungsgedächtnis mit der Warum-Frage Vorwürfe, Konflikte, Ärger – gespeichert. Ob wir es wollen oder nicht – die Frage „warum ...." löst unwillkürlich Stress aus, auch wenn es in der aktuellen Situation vielleicht gar keinen Grund dazu gibt. Und deshalb empfehlen wir, die „Warum-Frage" nur sehr vorsichtig einzusetzen.

Es gibt eine Menge Vorteile für Sie, wenn Sie mit Herz und Verstand fragen:

- Sie aktivieren den Gesprächspartner.
- Sie kommen weg vom Monolog, hin zum Dialog.
- Sie erfahren die Einstellung und Meinung des Gesprächspartners.
- Sie können Ihren Gesprächspartner besser einschätzen (Vorurteile, Fachwissen, Bildung, Interesse).
- Sie erweitern Ihr Wissen und gewinnen eine Menge an Informationen.
- Sie erspüren und erfahren schneller den Bedarf, die Wünsche und Probleme Ihres Gesprächspartners.
- Sie erwecken Sympathie, weil Sie an der Meinung des anderen interessiert sind.

Noch ein paar Worte zum Thema Fragetechniken und Manipulation: Fragetechniken werden auch heute noch nach wie vor in einigen Vertriebstrainings geschult. In der Regel ist der Kunde inzwischen kompetent genug, dass er sich nicht mehr unter „Pseudodruck" setzen lässt, wenn ein Verkäufer mit einer Pseudoalternativfrage wie „Darf ich am Dienstagabend kommen oder am Donnerstag?" ankommt. Aus unserer Sicht bedeutet Fragekompetenz auf keinen Fall, mit Hilfe von rhetorischen Tricks und Spielchen dem Gegenüber Antworten zu entlocken oder ihn in eine für ihn bedrängende Situation zu bringen. Unter Fragekompetenz verstehen wir mehr als Fragetechnik. Sie setzt eine wertschätzende innere Haltung für den Gesprächspartner voraus, und die Reflexion des eigenen Frageverhaltens durch den inneren Beobachter (s. ▶ Abschn. 1.3).

Wichtig beim „ethisch" korrekten Einsatz von Fragetechniken ist auch, dass kein Verhör daraus wird, als stehe ein „TV-Kriminalkommissar" vor dem Gesprächspartner. Es schadet auch nicht, das eine oder andere Mal zu begründen, warum Sie genau jetzt genau diese Frage Ihrem Gesprächspartner stellen.

Nicht jede Frage kommt gut an, so manche im Geschäftsalltag dahingeworfene Frage verfehlt ihr Ziel völlig, ja, sie wirkt ganz im Gegenteil demotivierend und entmutigend. Es gibt Frageformulierungen, die ein Mitarbeiter überhaupt nur mit „Ja" beantworten kann, obwohl er insgeheim „Nein" meint. Doch er stimmt offiziell zu, weil er befürchtet, sonst das vermeintlich gute Kollegenverhältnis zu stören oder – noch schlimmer – eine ehrliche Antwort als Auslöser für ein Konfliktgespräch dienen könnte.

Pseudo-Fragen, die nicht in Ordnung sind, sind zum Beispiel:

- „Haben Sie das begriffen …?"
- „Gefällt Ihnen nun unsere Vorgehensweise …?"
- „Sind Sie nicht auch dieser Ansicht, liebe Frau XY …?"
- „Sind Sie jetzt wieder motiviert …?"
- „Sie glauben doch nicht etwa, dass wir für Sie eine Ausnahme machen können …?"
- „Können wir das hiermit endlich abschließen?

## 10.2 Welche Fragen sind sinnvoll – und wann?

Jede Frageform wirkt sich unterschiedlich auf die Kommunikation aus. Wir stellen Ihnen im Folgenden verschiedene grundlegende Frageformen vor. Die bekannteste Form ist die Unterscheidung von offenen und geschlossenen Fragen:

Offene Fragen

**Offene Fragen** zielen darauf ab, das Gespräch als einen Dialog zu eröffnen, eine offene Atmosphäre zu entwickeln und das Vertrauen des Gesprächspartners zu gewinnen und auch, um ausführliche Informationen zu sammeln (z. B. „Welche spezielle Aufgabenstellung haben Sie auf diesem Gebiet?").

Die offene Frage wird auch als „W-Frage" bezeichnet, da echte Fragewörter mit „W" starten: „Was?", „Wann?", „Wo?", „Warum?". Ziel der offenen Fragen ist es, Interesse zu zeigen und Informationen zu gewinnen.

Geschlossene Fragen

**Geschlossene Fragen** klären ab, konzentrieren das Gespräch und führen letztendlich zu einer Entscheidung. Sie stellen klar, wie z. B. „Meinen Sie damit das Betriebssystem xy?" oder „Wollen Sie die Abteilung wechseln?".

Die geschlossene Frage wird im Allgemeinen mit „Ja" oder „Nein" beantwortet. Sie erhalten als Fragesteller eine präzise Auskunft, verkürzen das Gespräch und können eine Anschlussfrage stellen. Manche Gesprächspartner schaffen es trotzdem, auch auf eine geschlossene Fragestellung mit einem Wust an Informationen zu reagieren. In diesem Fall dürfen Sie gerne höflich unterbrechen, indem Sie ein Instrument des „aktiven Zuhörens" (s. ▶ Kap. 7) anwenden: Nutzen Sie den Moment, wenn Ihr Gegenüber Luft holt, und haken Sie dann ein. Sprechen Sie ihn oder sie mit dem Namen an (der Name ist immer ein persönlicher Anker) und fassen Sie sein Statement zusammen: „Herr Meier/Frau Huber, danke für Ihre Ausführungen; habe ich Sie richtig verstanden, dass …".

Die Zielsetzung der geschlossenen Fragen ist es zu fokussieren.

Bei der Fragetrichter-Technik starten wir zunächst das Gespräch und arbeiten uns –ähnlich wie bei einem Trichter – zu einem Ergebnis sowie Abschluss des Gespräches vor. Fragetrichter-Technik meint konkret, wir starten mit offenen Fragen den Dialog, können die Hintergründe und die Beweggründe des Gesprächspartners ergründen, verstehen und einordnen. Zum Abschluss des Gespräches fokussieren wir mit geschlossenen Fragen, um z. B. zu einer Entscheidung des Gegenübers zu kommen.

*Fragetrichter*

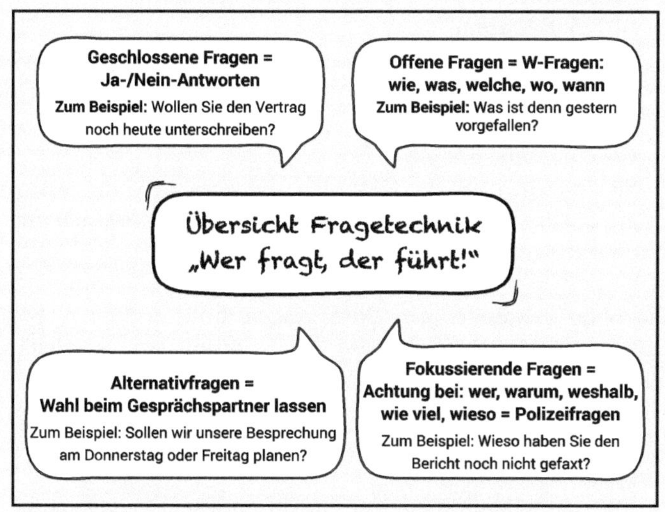


Darüber hinaus gibt es noch weitere, vielfältige Formen, Fragen zu stellen. Wir stellen hier beispielhaft die Gesprächsphasen im Zusammenhang eines kompletten Gesprächsverlaufs vor.

*Gesprächsphasen*

Mit welchen Fragearten steigt man denn am besten in ein Gespräch ein? Und wie übernimmt man die weitere Steuerung? (vgl. ManagerSeminare, Heft 77, Juni 2004)

**Die erste Gesprächsphase** dient der Sondierung des Themas. Geeignet dazu sind:

- **Offene Fragen:**
  Sie eruieren die Sicht des Mitarbeiters. „Wie zufrieden sind Sie im Moment mit den neuen Aufgaben?", „Wo sehen Sie sich im Augenblick?"
- **Hypothetische Fragen**
  Sie klären die Möglichkeiten: „Wenn Sie die Möglichkeit hätten, sich neu zu entscheiden, was würden Sie tun?",

„Welche drei Dinge würden Sie sofort verändern, wenn ich Ihnen die Vollmacht dazu gäbe?"

- **Zirkuläre Fragen**
Sie können die (vermutete) Perspektive anderer einbringen: „Was glauben Sie, wie die anderen Teammitglieder Sie einschätzen?", „Wenn ich Ihre Kollegin Deller fragen würde, was sie an Ihnen am meisten schätzt, was würde sie sagen"

- **Die zweite Gesprächsphase** dient der Fokussierung und Kanalisierung der Informationen. Geeignet dazu sind:

- **Skalierende Fragen**
Sie lösen Verallgemeinerungen auf und zwingen, Position zu beziehen. „In Noten ausgedrückt: Wie geht es Ihnen im Moment?" „Wenn Sie von einer Skala von 1–100 % ausgehen, zu wieviel Prozent würden Sie sagen, dass der Veränderungsprozess für Sie eine gelungene Sache darstellt?"

- **Alternativfragen**
Sie engen den Diskussionsraum zunehmend ein. „Wollen Sie in der Abteilung bleiben, noch acht Wochen warten oder sich sofort umorientieren?"

- **Geschlossene Fragen**
Sie konzentrieren das Gespräch und verlangen eine Aussage, ein Statement Ihres Gesprächspartners. „Soll ich mich um eine andere Aufgabe für Sie kümmern?"

Die oben erwähnte „zirkuläre Fragetechnik" ist eine Spezialform des Fragens. Ziel dieser Fragetechnik ist es, vielfältige Informationen zu erhalten über Zusammenhänge von Personen, Beziehungen, Gefühlen, Handlungen etc. Es können unterschiedliche Perspektiven erkundet und eigene Annahmen überprüft werden.

- Man kann damit die Kommunikationsabsicht von jemandem erfragen, z. B. „Was wollten Sie damit Frau Maier sagen?"
- Man kann die Beziehung von jemandem zu jemandem erfragen, z. B. „Wie sehen Sie Frau Schmid derzeit im Projekt?"
- Man kann versuchen, die Bedeutung zu verstehen, z. B. „Was genau interessiert Sie an diesem Sport?"
- Man kann versuchen, bestimmte Verhaltensmuster nachzuvollziehen, z. B. „Wieso passiert dieser Vorfall immer dann, wenn das Wochenende vor der Tür steht?"

## 10.3   Wann fragen – wann sagen?

Dies ist eine oft gestellte Frage der Teilnehmer an uns Trainerinnen: „Wann fragen – Wann sagen"? Mit anderen Worten: „Was ist ein sinnvoller Redeanteil? Wann darf ich denn mal was sagen…?" Insgesamt gilt natürlich immer: Ein Gespräch ist immer ein Dialog, nicht der Monolog eines Gesprächspartners!

Als Anhaltspunkt – insbesondere für Führungskräfte – gilt: Zwei Drittel der Zeit sollte der andere sprechen, ein Drittel sollte Ihr eigener Gesprächsanteil sein. Oft ist es genau anders herum, 90 % der Zeit monologisiert der Chef, und die Mitarbeiter denken sich ihren Teil dazu ... Natürlich ist der optimale Redeanteil situations- und kontextabhängig, bei Verständnisfragen oder wenn es um die Erläuterung von komplexen Zusammenhängen und Begrifflichkeiten geht, dann wird mehr Redeanteil beansprucht. Die Klärung der Rollen und Aufgaben erleichtert es, den eigenen Redeanteil bewusster zu steuern.

Es gibt drei wesentliche Bestandteile für ein gutes Gespräch:

- sich interessieren, aktiv zuhören
- sich zeigen, eigene, persönliche Themen mit ins Gespräch einbringen
- die Gesprächsführung übernehmen, das Gespräch durch gezielte Fragetechniken steuern

### Fragekompetenz

Denken Sie an Ihr nächstes wichtiges Gespräch. Überlegen Sie, welche Fragetechniken Sie einsetzen und wie Sie Ihr Gespräch damit aufbauen könnten.

___________________________________________

___________________________________________

___________________________________________

___________________________________________

___________________________________________

## 10.4 Judo-Verhandeln – Strategische Gesprächsführung

‚Judo-Verhandeln' bezeichnet eine Technik, die insbesondere schwierige Gesprächssituationen auflösen kann. Der Begriff Judo kommt aus der japanischen Kampfkunst und bedeutet unter anderem „japanischer sanfter Weg" (vgl. Wikipedia).

Judo-Verhandeln

Verhandeln im Sinne von „Judo-Verhandeln" bedeutet also in diesem Kontext, dass man die negative Energie des Gesprächspartners elegant auf ihn selbst zurücklenkt, um dann wieder gemeinsam auf die Sachebene der Kommunikation zurückkehren zu können. Bestimmte Formulierungen helfen dabei.

Fragen Sie Ihren Gesprächspartner z. B. nach ...

- den Beweggründen:
  „Welche Notwendigkeit steckt für Sie hinter Ihren Äußerungen?"

- den Auswirkungen/Konsequenzen:
  „Was wären die Folgen, wenn …"
- den Kriterien:
  „Auf welcher Basis/Grundlage … ist Ihnen das wichtig?",
  „Welche Kriterien/Faktoren sind Ihnen wichtig?"
- der Kritik:
  „Was genau stört Sie an meinen Vorschlägen?"
- einem Rat
  „Was würden Sie mir denn konkret raten/empfehlen?"
- einer Begründung
  „Ich sehe, jetzt geht es Ihnen um …? Wie könnten wir das gemeinsam auf besserem Wege tun?"
- Sie können auch einen Perspektivenwechsel anbieten:
  „Wenn Sie sich vielleicht in meine Lage versetzen würden, was würden Sie sich an meiner Position wünschen?" Zielsetzung ist es, dass der Gesprächspartner unterschiedliche Positionen einnehmen kann.

Die strategische Anwendung und der Einsatz von bewussten Fragetechniken ist die zentrale Kompetenz, um seine eigene Ziele wirksam im bewussten Dialog mit anderen zu erreichen.

## Literatur

ManagerSeminare, Heft 77, Juni 2004

# „Hai, Karpfen oder Delfin?" – Souverän bleiben, wenn es kritisch wird




© Springer-Verlag GmbH Deutschland, ein Teil von Springer Nature 2019
C. Lehner, S. Weihe, *Zwischen Achtsamkeit und Pragmatismus,*
https://doi.org/10.1007/978-3-662-58915-1_11

Die Delfin-Strategie ist eine Art der Kommunikation, bei der eine Lösung gefunden wird, von der alle Beteiligten profitieren. Vom Delfin ist dabei viel Flexibilität, Durchhaltevermögen und Einfühlungsvermögen gefragt, denn er muss sich selbst und seine Gesprächspartner immer wieder genau beobachten und hinterfragen.

Konflikte sind für die meisten Menschen erst einmal unangenehm, unser Gefühlshirn hält dazu einige Vermeidungsstrategien bereit. Beispiele sind „den Kopf in den Sand stecken", nachgeben oder sich selbst oder den Gesprächspartner abwerten. Der hypno-systemische Ansatz sieht diese Reaktionen als unwillkürliche Sicherheitsstrategien. Gleichzeitig gibt es kein Zusammenleben ohne Auseinandersetzungen, da ständig unterschiedliche „innere Landkarten", Bedürfnisse, Ziele und Befindlichkeiten aufeinandertreffen.

Gerade hier ist es wichtig sich in Erinnerung zu rufen: unwillkürliche Reaktionen aus Stamm- und Gefühlshirn sind immer schneller als das Großhirn. In den folgenden Kapiteln möchten wir Sie für das Training einer konstruktiven Kooperation aller Gehirnbereiche bei Konflikten sensibilisieren. Auch hier geht es uns – wie bei den Grundlagen der Gesprächsführung – einerseits darum, Ihr Bewusstsein für psychologische Hintergründe zu schärfen und andererseits um konkretes Handwerkszeug. Damit können Konflikte zu einer Chance werden für Wachstum und kreative Lösungen.

## 11.1  „… dass dein Gegner sich vor Dir hütet" – Grenzen setzen in Gesprächen

>>  „Hüte Dich vor Streit,
doch muss es sein, so führ Du ihn so,
dass sich Dein Gegner vor Dir hütet." (Frei nach Shakespeare)

Unsere persönliche Geschichte, unser Temperament, die eigene „Tagesform" – viele Faktoren tragen dazu bei, wo unsere Grenzen sind. Ob und wie wir in Gesprächen Grenzen setzen, hängt von unserer inneren Haltung, der Einstellung zum Gesprächspartner und der Situation, dem Kontext ab. Sie können sich gegenüber einem Kollegen meist problemlos abgrenzen, doch im Gespräch mit dem Chef knicken Sie schon mal ein? Ob beruflich oder privat – wir brauchen in Gesprächen die Fähigkeit, Grenzen zu setzen. Wichtig ist zunächst einmal wieder, die eigenen inneren Anteile zu diesem Thema gut zu kennen. In welchen Situationen, bei welchen Personen, unter welchen Rahmenbedingungen fällt es Ihnen leicht bzw. schwer, die eigenen Grenzen zu wahren? Um welche Bedürfnisse, welche Gefühle geht es dabei?

Wie wir aus ▶ Abschn. 5.3 wissen, läuft Kommunikation immer auf verschiedenen Ebenen ab: Es gibt die Sachebene, die Beziehungsebene, die Prozessebene und die Persönlichkeitsebene. Bei Kommunikationsblockaden rutscht das Gespräch schlagartig auf die Beziehungsebene – es wird „persönlich". Wie also kann man eine solche Situation konstruktiv retten?

Der erste Ansatz hierfür ist wieder der innere Beobachter. Es geht darum, sensibel wahrzunehmen, was gerade passiert, statt sich „ins Bockshorn jagen" zu lassen. Ihre Emotionen wie Wut oder Angst sind nicht vermeidbar – sie sind unwillkürliche blitzschnelle Reaktionen. Lassen Sie sich nicht aus dem Konzept bringen, „filtern" Sie Ihre Emotionen und achten Sie darauf, sehr erboste innere Anteile aus Ihrem inneren Team erst einmal wahrzunehmen, sie aber zunächst im Gespräch aus dem Spiel zu lassen mit dem Blick auf mögliche Auswirkungen (s. ▶ Kap. 1, Stoppschild). Es gleicht einem kleinen diplomatischen Meisterwerk – erst einmal in Ihnen selbst und dann nach außen, aber es ist auf diese Weise möglich, die oft destruktive Energie des Gesprächspartners von einem persönlichen Angriff oder einem Manipulationsversuch wieder zurück in „geregelte Bahnen" zu bringen und konstruktiv weiterlaufen zu lassen.

_Inneren Beobachter einsetzen_

Welche kritischen Situationen bei Gesprächen sind nun besonders häufig, wogegen sollten Sie gewappnet sein?

Häufig beschreiben die Teilnehmer und Teilnehmerinnen unserer Trainings Kommunikationsblockaden, die durch einen vermeintlichen oder offensichtlichen persönlichen Angriff bei einem Gespräch entstehen. Wie reagiert man konkret auf einen solchen verbalen Angriff? Nutzen Sie die Energie der oben beschriebenen Erstreaktion (der erboste innere Anteil in Ihnen) und übersetzen Sie seine wahrscheinlich eher abwertenden Sätze („der Idiot, was bildet der sich ein …") in eine klare Grenze:

_Reaktionsmöglichkeiten auf verbale Angriffe_

- Lassen Sie Ihren Gesprächspartner wissen, dass er zu weit gegangen ist.
  „Stopp, das wird mir zu persönlich. Ich würde gerne wieder zu unserem eigentlichen Thema zurückkehren."
- Erfragen Sie die Gründe für den verbalen Angriff:
  „Das hört sich so an, als sei ich Ihnen zu nahe getreten.",
  „Sagen Sie mir bitte, worauf Ihre Verärgerung gründet.",
  „Können wir das besprechen, bevor wir zu unserem eigentlichen Thema zurückkehren?"

Vielleicht denken Sie jetzt: „So würde ich im Alltag nie reden". Es geht uns natürlich nicht darum, dass Sie die Formulierungen wörtlich übernehmen. Wir möchten Sie vielmehr anregen, Ihre persönliche der Art der Metaebene, also den Blick auf die Gesprächssituation aus der Adlerperspektive, zu entwickeln und die zu Ihnen passenden Sätze zu entwickeln.

Auch wenn ein Gesprächspartner Sie massiv unter Druck setzt, kann die Erstreaktion Blackout, Angst oder Wut sein. Mit Hilfe des Inneren Beobachters kann man auch bei einen Angriff wie „Entweder Sie machen das so, oder wir kommen auf keinen Fall zusammen" lernen, die Energie umzulenken. Beispiele dazu:

- Erkundigen Sie sich auch hier nach den Gründen für das Verhalten des Gegenübers:
  „Ich bin überrascht über Ihr forsches Auftreten, ich habe Ihre Gründe nicht wirklich verstanden."
- „Spiegeln" Sie das Verhalten des Gesprächspartners und stellen Sie ihn vor die Wahl:
  „Hätten Sie gerne, dass ich Ihre Meinung übernehme oder möchten Sie das Problem konstruktiv besprechen?"
- Zeigen Sie sich offen und geben Sie dem Gegenüber die Chance, einen Kompromissvorschlag zu machen:
  „Was können wir tun, um doch noch eine gemeinsame Lösung zu finden?"
- Sie können auch nonverbal reagieren – beispielsweise packen Sie Ihre Unterlagen zusammen und bewegen sich in Richtung Tür. Vermutlich wird Ihr Gesprächspartner dann noch einmal reagieren.

Ein Gespräch kann aber auch so weit eskalieren, dass Ihr Gegenüber Sie massiv anschreit. Ganz klar, das brauchen Sie sich nicht gefallen zu lassen. Wichtig ist, diese Grenzüberschreitung dem anderen deutlich zu machen. Wir empfehlen, Beleidigungen nicht einfach herunterschlucken und in diesem Fall nicht den Rückzug anzutreten – es sei denn, die Situation droht zu eskalieren. Auch zu einer solchen Extremsituation haben wir Vorschläge für Interventionsmöglichkeiten:

- Stellen Sie sich der Situation und signalisieren Sie dem anderen, dass er zu weit gegangen ist:
  „Entschuldigung, auf dieser Ebene möchte ich kein Gespräch führen. Ich schlage vor, wir machen eine Pause, vertagen die Situation und treffen uns dann wieder."
- Erforschen Sie auch hier wieder die Ursache des verbalen Ausbruchs auf der Metaebene:
  „Sagen Sie mir, was Sie so verärgert. Dann können wir nochmals in Ruhe über dieses Thema sprechen."

Ebenso kommt es nicht selten vor, dass ein Gesprächspartner Argumente nicht aufgreift, sondern nur seinen eigenen Standpunkt wieder und wieder bekräftigt. Betonen Sie dann, dass Sie eine Erklärung für das Verhalten des Gegenübers erwarten.

Fordern Sie den Gesprächspartner auf, Ihre Sicht auf die Dinge anzuhören:

- „Ich habe Ihre Position nun gehört und verstanden. Sie sind der Ansicht, dass …"
- „Ich möchte Sie jetzt bitten, auf meine Argumente einzugehen."
- „Sie gehen leider nicht auf meine Argumente ein. Was genau stört Sie daran?"
- „Ein Gespräch, das sich nur um Ihre Argumentationsposition dreht, ist nicht weiter zielführend. Ich möchte das Gespräch gerne an dieser Stelle abbrechen."

Natürlich lassen sich diese Strategien – entsprechend abgewandelt – auch im Privatleben anwenden.

Grenzen setzen in Gesprächen

Mit den folgenden Anregungen möchten wir Sie ermutigen, in Zukunft deutlicher und besser in Gesprächen Grenzen setzen:

- Identifizieren Sie Ihre eigenen Grenzen; nur so können Sie bei einer Grenzüberschreitung auch reagieren.
- Setzen Sie die Grenzen rechtzeitig!
- Sprechen Sie Überschreitungen höflich an.
- Achten Sie auf Ihr Kommunikationsverhalten und Ihre Formulierungen: Statt „Ich habe keine Zeit …" wäre ein „Ich möchte nicht, dass …" besser. Und ein „Ich muss doch …" wirkt weniger souverän als: „Ich entscheide mich für …"

Solange wir einen „kühlen Kopf" behalten und das Großhirn „online" ist, klappt das in der Regel noch ganz gut. Aber was, wenn der Überblick mal wieder verloren geht?

## 11.2 Grenzen setzen bei Killerphrasen

Manche Sätze lassen uns unwillkürlich „Aufzug fahren" („Aufzugmodell" s. ▶ Abschn. 1.2) – sie werden auch „Killerphrasen" genannt (s. a. ▶ Abschn. 2.3). Gemeint sind damit Sätze, bei denen es weniger um konstruktive Lösungen geht als um das Abwerten und Herabsetzen der anderen Person. Sie zielen meist auf die Person und nicht auf die Sache.

## Killer-Phrasen

- So haben wir das früher aber nicht gemacht...
- Geht nicht...
- Keine Zeit...
- Haben wir schon alles versucht...
- Dazu sind wir jetzt noch nicht in der Lage...
- Alles graue Theorie...
- Da wäre doch schon jemand früher draufgekommen, wenn sich damit etwas anfangen ließe...
- Zu altmodisch...
- Zu modern...
- Darüber lässt sich ein andermal reden...
- Ich verstehe gar nicht, so Sie da Schwierigkeiten sehen...
- Wir haben doch schon so viele andere Projekte...
- Was für ein Fantast ist denn darauf gekommen...
- Man weiß doch, das lässt sich einfach nicht machen...
- Damit muss sich ein Ausschuss beschäftigen...
- Überlegen wir uns das lieber noch eine Weile und warten wir erst die Entwicklung ab...
- Das geht uns nichts an...
- Die werden denken, wir sind nicht ganz bei Trost...
- Schon wieder Sie mit Ihren...
- Ich sehe keine Zusammenhänge...
- Das ist doch gegen die Vorschriften...
- Klingt ja ganz gut aber ich glaube nicht, dass das geht...
- Die Anweisungen lauten doch ganz anders...
- Macht nur einen Haufen Arbeit...
- Das wächst uns noch über den Kopf...
- Man wird sich aufregen..

Probieren Sie es aus: Finden Sie die „Killerphrasen" in den folgenden Sätzen und finden Sie eine angemessene Antwort, die gleichzeitig Ihre Grenzen signalisiert:

1) „Hören Sie mal zu, wir haben mit unserer eigenen Methode in den letzten zwölf Jahren immer nur tolle Erfolge gehabt. Gerade Sie erwarten doch nicht im Ernst, dass wir das nun in dieser doch kritischen Zeit aufs Spiel setzen!"

*Ihre Antwort*

_______________________________________________

_______________________________________________

_______________________________________________

2) Du liebe Zeit, das haben wir vor drei Jahren auch schon mal versucht – das ging dermaßen daneben!

*Ihre Antwort*

_______________________________________________

_______________________________________________

_______________________________________________

3) Also, ich für meine Person finde Ihre Vorschläge für eine Neukonzeption sehr gut, aber Sie wissen ja, wie unser Chef tickt, der ist gerade auf Sie nicht so gut zu sprechen!

*Ihre Antwort*

_____________________________________

_____________________________________

_____________________________________

4) Ihre Präsentation ist ja theoretisch auf dem neuesten Stand. Praktisch jedoch … ich weiß nicht. Wir sind hier ein Familienbetrieb, das lässt sich nicht vergleichen, vielleicht hätten Sie sich besser mal vor der Präsentation schlau gemacht.

*Ihre Antwort*

_____________________________________

_____________________________________

_____________________________________

Welches Vorgehen ist hilfreich im Umgang mit Killerphrasen? Bewährt hat sich ein Stufenmodell, bei dem Sie bewusst und geschickt jonglieren mit der Sachebene (Inhalt, Fakten, Argumente) und der Beziehungsebene (auf die Person eingehen).

Stufenmodell in kritischen Situationen

In der ersten Stufe spielen Sie den Jonglierball „Beziehungsebene", d. h. sich selbst auszubalancieren und konkret Verständnis zeigen für die andere Person (nicht in der Sache), indem Sie die OK-OK-Positionen (vgl. ▶ Abschn. 5.4) aktivieren:

- Inneren Beobachter nutzen: was passiert in mir? Was hat mich aus dem Gleichgewicht gebracht?
- Ruhig bleiben, sich nicht provozieren lassen (z. B. durch das Stoppschild, vgl. ▶ Abschn. 1.2, S. 13)
- Sich über gute innere Bilder wieder ausbalancieren
- Wertschätzend bleiben.
- Die Einwände wiedergeben: „Sie meinen also …."

Erst dann – und das fällt im Alltag häufig schwer – ist es gut, einen Schritt weiter zu gehen. Stufe zwei findet dann auf der Sachebene statt. Wichtig dabei ist, nicht mit Gegenargumenten loszulegen, sondern hinterfragen bzw. Gegenfragen stellen:

- „Wie haben Sie das schon immer gemacht?"
- „Seit wann genau? Wirklich immer?"
- „Was ist Ihr Ziel genau bei dieser Frage?"
- „Wozu machen Sie diesen Einwand?"

Erst der letzte Schritt sollte dann sein, meine eigenen Argumente (noch einmal) aufzuzeigen. Je mehr Emotionen im Spiel sind, umso schwerer ist es, nicht gleich dagegen zu „schießen" sondern diesen sehr hilfreichen Weg über das Stufenmodell zu gehen. Probieren Sie es aus, wir sind sicher, Sie werden den Unterschied merken.

Nein sagen Können

## 11.3  „Nein" kann ein kompletter Satz sein

Ein wichtiges Thema darf hier nicht fehlen: die Fähigkeit, „Nein" zu sagen – die wohl deutlichste und wichtigste verbale Grenze, die uns zur Verfügung steht – in unseren Selbstmanagement-Trainings immer ein echtes „Highlight".

Was macht es manchmal so schwer, ein klares „NEIN" auszusprechen? Hier ein paar Gründe, die im Gefühlshirn gespeichert sein können und die jeweilige Lernherausforderung:

| Angst vor … | Die Lernherausforderung |
| --- | --- |
| Ablehnung | Missstimmung aushalten |
| Verantwortung | Kritik, Widerstand aushalten |
| Verlust | Alleinsein |
| Entscheidungen | Eigen-Mächtigkeit, Fehler = Chance |

**Selbstreflexion**
- Nehmen Sie sich einen Moment Zeit und machen Sie sich bewusst, was es schwer macht, ein „Nein" zu äußern.
- In welchen Situationen wagen Sie es nicht, sich klar abzugrenzen und das kleine Wörtchen „nein" zu äußern? Denken Sie an Kollegen, Chef/Chefin, Partner/Partnerin, Familienmitglieder, Kunden, ….
- Finden Sie heraus, welches Bedürfnis die inneren Anteile haben, die das Nein blockieren. Worum geht es?
  - Lob, Anerkennung
  - Schutz vor Kritik
  - Wichtig sein
  - Bequemlichkeit
  - „Gut und edel sein"
  - oder andere Gründe?

» Achte auf Deine Gedanken, denn Sie werden Worte,
  Achte auf Deine Worte, denn sie werden Handlungen.
  (Talmud in der Sammlung der Gesetze und Überlieferungen des Judentums)

Was können Sie konkret tun? Zwei Vorschläge:

Nehmen Sie die Bedürfnisse der inneren Anteile, die sich mit dem Nein schwer tun, ernst und forschen Sie – z. B. in einer inneren Konferenz (vgl. ► Abschn. 1.4), wie Sie diesen Bedürfnissen – in anderer Weise – gerecht werden können.

▬ Suchen Sie sich eine der Lernherausforderungen aus und machen Sie dazu kleine tägliche Übungen, z. B. ganz banal beim Metzger auf die Frage: „darf es ein bißchen mehr sein" Nein zu sagen und das unangenehme Gefühl auszuhalten lernen.

## 11.4  Wann ist ein Konflikt ein Konflikt?

Die Ursachen von Konflikten liegen in der Regel nicht in objektiven Tatbeständen – sondern in den Einstellungen, Werthaltungen und Wahrnehmungen der beteiligten Personen. Denn jeder Mensch erlebt und bewertet Situationen anders („Filterbrille", s. ► Abschn. 2.1).

Es ist deutlich geworden, dass all unsere Erfahrungen in hohem Maße von der Kultur und dem Milieu, in dem wir aufgewachsen sind, beeinflusst sind. Das gleiche gilt auch für unseren Umgang mit schwierigen Situationen und Konflikten, egal ob im privaten oder geschäftlichen Bereich.

Wer beispielsweise gelernt hat, Konflikte „alleine zu lösen", dessen Autopilot hat entsprechende Handlungsmuster oder „innere Regieanweisungen" sofort parat. Wenn unsere eigenen Werte und Einstellungen mit denen anderer kollidieren, kann dies – so banal der Auslöser auch scheint – schnell zu Konflikten führen.

**Konfliktursachen**

### Selbstreflexion

Was würden Sie in den folgenden schwierigen Gesprächssituationen tun? Sie sind eingeladen, Ihr eigenes Konfliktverhalten ein wenig unter die Lupe nehmen.

1. Ein Bericht Ihres Teams wird stark vom Chef kritisiert. Was sagen Sie?
    A. Tut mir leid, mein Fehler war's.
    B. Sie fragen erst einmal nach: Was ist denn genau falsch?
    C. Sie fragen sich: Warum passiert das immer mir in unserem Team?
    D. Sie sagen: Meine Kollegen sind halt gerade so im Stress.
2. Jemand, mit dem Sie telefonieren wollen, ist zum x-ten Mal in einer Besprechung, als Sie ihn anrufen.
    A. Sie sagen: Dann rufe ich halt wieder an.
    B. Sie hinterlassen Ihre Telefonnummer und bitten gleichzeitig um einen dringenden Rückruf.

   C.  Sie fragen: Wann kann ich denn wieder anrufen, mit besseren Chancen?

   D.  Sie bitten noch zusätzlich um die Mailverbindung.

3.  Nach einem stressigen Arbeitstag fragt Ihr Chef kurz vor Ihrem wohlverdienten Feierabend: Was haben Sie heute noch vor? – Was antworten Sie?

   A.  Ich habe gleich noch einen Termin.

   B.  Nichts Bestimmtes.

   C.  Sie fragen sicherheitshalber erst einmal nach: Was genau ist der Hintergrund Ihrer Frage?

   D.  Abschalten und entspannen.

4.  Sie haben im Laufe des Vormittags bereits drei außerordentlich dringende Aufgaben von Ihrer Chefin erhalten – und jetzt kommt sie mit einer weiteren dringenden Aufgabe. Was tun Sie?

   A.  Sie versuchen alles daran zu setzen, mit der vierten Aufgabe klarzukommen, um Ihre Kompetenz zu beweisen.

   B.  Sie nehmen nett und freundlich an und regen sich innerlich über die chaotische Art Ihrer Chefin auf.

   C.  Sie sagen Ihrer Chefin, dass das so nicht weitergehen kann.

   D.  Sie erinnern Ihre Chefin an die drei vorangegangene Aufträge und fragen erst einmal nach, welche Aufgabe welche Priorität hat.

5.  Bei einer wöchentlichen Teambesprechung sagt Ihr Chef, Ihr Team solle endlich besser zusammenarbeiten, damit weniger Termin-Chaos entsteht. Wie reagieren Sie?

   A.  Sie nicken zustimmend.

   B.  Sie machen einen Vorschlag.

   C.  Sie fragen ihn nach seinen Vorschlägen, damit das besser gelingt.

   D.  Sie ziehen sich in sich zurück.

Grundsätzlich gilt auch hier immer:
- Aktivieren Sie den inneren Beobachter!
- Fragen Sie zuerst nach.
- Äußern Sie klar Ihre eigenen Vorstellungen und Bedürfnisse.

Konstruktiv streiten bedeutet:
- Analysieren, um welche Art von Konflikt es handelt.
- Offenlegen und Klarheit schaffen: Worum geht es eigentlich?
- Bewusstmachung, Wahrnehmung und Erweitern von Handlungsspielräumen, Verhaltensmuster und -strukturen erweitern.

Wenn wir ständig versuchen, von allen gemocht zu werden, „everybody's darling" zu sein, schadet das sowohl privaten als auch beruflichen Beziehungen. Nur wer einen gewissen „Biss" hat und zielgerichtet „Nein" sagen kann, ist davor gefeit, „everybody's Depp" zu sein und ausgenutzt zu werden. Allerdings ist hier die Dosierung entscheidend! Innere Autonomie entwickeln, also innerlich unabhängiger von den Bewertungen und Beurteilungen anderer zu werden, ist eine entscheidende Kommunikationskompetenz – gleichzeitig sind wir soziale Wesen, die das Gefühl von Zugehörigkeit brauchen (Baumann-Habersack 2017).

Grundsätzlich gilt: Wir geben ein Verhalten erst auf, wenn wir etwas Besseres gefunden haben und wir alle inneren Anteile mitnehmen und vom neuen Verhalten überzeugen können. Gerade beim konstruktiven Streiten brauchen Sie einen guten Blick auf Ihr inneres Team (s. ► Abschn. 1.4).

Wann ist ein Konflikt denn überhaupt ein Konflikt und nicht nur ein Problem? Das fragen wir auch in unseren Seminaren immer beim Einstieg in das Thema „Konfliktmanagement". Meistens tauchen auf den Gesichtern der Teilnehmer dann große Fragezeichen auf. Was denken Sie? Überlegen Sie einen Moment, bevor Sie weiterlesen …

Die Antwort: Bei einem Konflikt mischt sich der Inhalts- mit dem Beziehungsaspekt. Die Verflechtung dieser beiden kommunikativen Ebenen ist das Kriterium für einen „echten" Konflikt in einem Kommunikationsprozess. Wegen einer Meinungsverschiedenheit auf der inhaltlichen Ebene entsteht kein echter Konflikt; auch nicht, wenn man sich kurzfristig über eine unhöfliche Bedienung im Restaurant geärgert hat.

                    „echter Konflikt"

Wie wir im ► Abschn. 2.3 gezeigt haben, liegt der wichtigste Teil einer erfolgreichen Gesprächsführung auf der Beziehungsebene. Dies ist natürlich gleichzeitig der Ansatzpunkt für Ihre Konfliktlösung!

Wie schon beschrieben, meinen wir mit „Beziehungsebene" nicht Schmusekurs und Harmoniesucht. Es geht vielmehr um das Verstehen der „inneren Landkarte" Ihres Gesprächspartners und eine grundsätzlich positive Einstellung zu sich selbst und den anderen, wie sie auch beim Modell der OK-Positionen aufgezeigt wird (s. ► Abschn. 2.4).

Die Definition des Dudens (Rechtschreibduden Auflage 2004) für den Begriff „Konflikt" lautet:

1. Zusammenstoß, Zusammenschlagen
2. durch das Aufeinanderprallen widerstreitender Auffassungen, Interessen o. ä. entstandene schwierige Situationen, die zum Zerwürfnis führen können.

Ein Konflikt ist also eine Situation, in der zunächst einander ausschließende Bedürfnisse (oder Motive) aufeinander treffen. Werden Konflikte dann nicht rechtzeitig erkannt und bearbeitet, tendieren sie dazu, zu eskalieren – manchmal sogar, „bis es nicht mehr geht".

## 11.5 Es liegt was in der Luft – Konflikte frühzeitig erkennen

Wie merkt man aber frühzeitig, dass Konflikte „in der Luft" liegen und möglicherweise kurz vor dem Ausbruch stehen oder auch unterschwellig brodeln? Wir möchten Sie ermutigen, Ihre Wahrnehmung zu schärfen und Konflikte anzusprechen und offen zu bearbeiten statt – wie es die meisten von uns gelernt haben – vor Konflikten zurückzuweichen und sie zu vermeiden.

Wenn Konflikte als etwas Negatives gesehen werden, dann versuchen wir solange wie möglich, Konflikte zu verdrängen. Erst in kritischen Situationen (z. B. bei Stress) brechen sie heraus. Dann aber oft unkontrolliert – und das erhöht die Wahrscheinlichkeit, dass es negativen Folgen gibt.

Konfliktsymptome im Berufsleben sind beispielsweise:

1. Ablehnung, Widerstand
   Mitarbeiter geben Informationen nicht weiter, Aufgaben werden nachlässig und unvollständig ausgeführt.
2. Rückzug, Desinteresse
   Schwelende Konflikte führen oft dazu, dass Mitarbeiter sich abkapseln, nicht mehr mit anderen sprechen.
3. Gereiztheit, Aggressivität
   Ärger wird am Anfang noch „hinuntergeschluckt", tritt aber irgendwann (auch bei scheinbar unpassender Gelegenheit) wieder hervor. Auch versteckte Aggressionen, wenn Mitarbeiter sich z. B. die kalte Schulter zeigen, treten auf und belasten das Arbeitsklima.
4. Intrigen, Gerüchte verbreiten
   A spricht nicht mit B, über den sie sich ärgert, sondern mit C über B ... eine Koalition mit Dritten wird hergestellt.
5. Übermaß an Formalität und Unterwürfigkeit
   Die Scheu, einen Konflikt offen zu legen, zeigt sich auch manchmal in einem Übermaß an Formalität (Regeln und Anweisungen) und ggf. mit Angepasstheit (bis hin zu überzogener Freundlichkeit) gegenüber dem Konfliktpartner.
6. Physische Symptome, z. B. Krankheiten, Fehlzeiten
   Als Folge einer andauernden Stresssituation bei Konflikten können sich auch körperliche Krankheiten einstellen (Schwächung des Immunsystems, Herz-Kreislauf-Krankheiten u. ä.).
   Das passiert vor allem dann, wenn eine Situation als ausweglos erlebt wird.
7. Delegation an Dritte
   Selbst bei Sachkonflikten (Verteilungskonflikt) wird kein Klärungsversuch unternommen, sondern der Konflikt an Dritte „weitergereicht" (z. B. an den Vorgesetzten).

8. Suche nach Sündenböcken
   Bei „normalen" Alltagskonflikten suchen die Beteiligten
   reflexartig nach Schuldigen und nicht nach Lösungen.

Auch unglückliche Formulierungen können der Startpunkt
für Konflikte sein – und zwar vor allem dann, wenn Gefühle
der Dominanz und Überlegenheit in Spiel kommen. Jeder
Gesprächspartner hat ein Bedeutungsbedürfnis (Thiele 2007)
und will sein Gesicht wahren.

Beispiele für Formulierungen, die auf Konflikte hinweisen,
sind:

- „Jetzt passen Sie mal auf, was ich gleich sagen möchte."
- „Ich habe Ihnen doch schon mehrmals erläutert, dass ..."
- „Sie haben mich doch völlig falsch verstanden."
- „Ich sage es gerne nochmals speziell für Sie ..."

Wir empfehlen zur Konfliktlösung das Konzept der partner-
schaftlichen Gesprächsführung. Das Prinzip ist: Auf der
Beziehungsebene „Ja zur Person" zu sagen im Sinne von „Ich
respektiere Sie als Gesprächspartner") und ein (bedingtes) „Nein
zur Sache" zu formulieren.

Beispiele für konstruktive Formulierungen sind:

- „In diesem Punkt stimme ich Ihnen zu! Gleichzeitig dürfen
  wir nicht übersehen, dass ..."
- „Ich kann Ihre Sicht der Dinge gut nachvollziehen. Der eine
  Punkt jedoch ... Bitte erlauben Sie mir noch, diesen einen
  Punkt genauer zu erläutern."
- „In diesem einen Aspekt kann ich Ihre Bedenken gut verstehen. Aus meiner langjährigen Erfahrung weiß ich, dass
  genau dieser Aspekt herausfordert, und wir haben uns gezielt
  dort vorbereitet."

Um Konflikte souverän zu bewältigen ist es auch wichtig,
die Ursachen zu erkennen. Die folgende Übersicht zeigt verschiedene Kategorien von Konflikten auf.

Konflikte lassen sich klassifizieren in:

- Sachkonflikte
  - Ziel-/Interessenskonflikte
  - Beurteilungs-/Wahrnehmungskonflikte
  - Rollenkonflikte
  - Verteilungskonflikte
- Beziehungskonflikte
  - Antipathie/Sympathie
  - Unterschiedliche Vorstellungen über Normen und Regeln
  - Fehlende Anerkennung und Wertschätzung

**11**

Wir wollen an dieser Stelle eine „Lanze" für den Mut zu Konflikten brechen, obwohl dies für die meisten Menschen, egal ob im privaten und beruflichen Umfeld, persönliche Anstrengung und Überwindung bedeutet.

Konflikte sind normal, sie gehören zum privaten wie auch beruflichen Alltag. An Konflikten ist nichts Verwerfliches, zumal immer wieder die Chance für uns besteht, Konfliktsituationen produktiv zu bewältigen. Zumindest dann, wenn auch die anderen Personen bereit sind, sich dem Konflikt zu stellen. Unser Leben kann nicht konfliktfrei sein, dazu ist unsere Mitwelt zu komplex gestaltet. So mag es schon eine wichtige Erkenntnis sein, dass es für manche Konflikte keine Lösung gibt und diese damit zwangsläufig hingenommen werden müssen. Dann heißt es: „We agree to disagree" – denn auch das kann eine Lösung sein: unterschiedliche Standpunkte zu respektieren.

Ziel sollte aber sein, diejenigen Konflikte anzupacken und systematisch zu lösen, bei denen eine gute Bewältigungschance besteht.

Unsere Erfahrung hat uns gezeigt, dass Konflikte auch immer mit der Balance zwischen Individualität und Gemeinschaft zu tun haben: Werde ich als Individuum wahrgenommen und geschätzt? Darf ich mich unterscheiden von meinem Team? Und inwiefern gehöre ich noch dazu, wenn ich meine eigene – möglicherweise kritische – Meinung äußere?

In unserem Kulturkreis gilt es eher als Tabu, Konflikte offen anzugehen. Oft sehen wir Konflikte eher im Sinne von „einer siegt – einer verliert" – eine Strategie, von der natürlich niemand langfristig profitiert, es besteht eher die Gefahr, sich einen neuen Feind zu schaffen.

| **In unserem Kulturkreis:** | **In anderen Kulturkreisen (Laotse):** |
|---|---|
| – zwei widersprüchliche Aussagen | – widersprüchliche Aspekte einer Sache |
| – eine davon ist falsch | – gleichzeitig betrachten |
| → man trifft Entscheidung | → man findet die volle Wahrheit |

## 11.6 Rien ne va plus – die Eskalationsstufen von Konflikten

Konflikte können sich hochschaukeln – bis „nichts mehr geht". Dabei kann man mehrere Stufen beobachten, wie der Konfliktforscher Friedrich Glasl in seinem Stufenmodell beschrieben hat. (Glasl 2004)

„Stufen von Konflikten"

1. Misstrauen produziert Misstrauen
   Eine Sachauseinandersetzung lädt sich durch emotionale Argumente zunehmend auf. Die Standpunkte verhärten sich und prallen öfter aufeinander.
   Misstrauen und Unbehagen schleichen sich ein.
   Die bestehende Spannung erzeugt Verkrampfung.
   Kommunikationsbezogen gibt es diese Grundmuster bei Konflikt: Man lenkt ab, beschwichtigt, rationalisiert oder klagt an (vgl. Schulz, Toolbox zur Konfliktlösung). Eine Partei kontrolliert die andere, ein Zeichen von Konflikt ist auch die Konzentration auf kleinkarierte Detailfragen. Jedes Handeln des Gesprächspartners wird mit Argwohn betrachtet, Fehler werden nicht mehr eingestanden. Jeder fürchtet, ausgenutzt zu werden.

2. Einseitigkeit und Trübung der Wahrnehmung
   Fantasieren über das Handeln der anderen überlagert genaue Beobachtungen. Alles wird als Täuschungsmanöver des vermeintlichen Gegners betrachtet. Beide Parteien tendieren zu Schwarz-Weiß-Denken. Immer ist der andere der Böse, man selbst der Gute. Das eigene Verhalten erscheint klug, edel und hilfreich. Zahlt der andere mit gleicher Münze zurück, erscheint die gegnerische Konfliktpartei noch „schuldiger" (Spiegelbild-Phänomen).

3. Betonung der Unterschiede
   Das Trennende wird immer stärker betont. Unterschiede in Einstellungen und Werten werden hochgespielt und am Ende als unüberwindbar gesehen. Wird nun der Kontakt zur anderen Konfliktpartei reduziert oder ganz vermieden, verstärkt sich diese Verzerrung der Wahrnehmungsmuster.

Zusätzlich werden Informationen bewusst zurückgehalten oder sogar falsch gestreut. Gegensätze werden durch Polemisierung ausgetragen. Das Polarisieren im Denken, Fühlen und Wollen prägt die Auseinandersetzung. Es werden verbale Taktiken eingesetzt. Man tut so, als argumentiere man rational; es kommt zum Kampf um Überlegenheit.

4.  Aggressivität, Feindseligkeit, Schädigung
    Im Endstadium eines eskalierenden Konflikts beherrschen feindselige und aggressive Störungen das Verhalten. Das Verhältnis der Konfliktparteien hat sich extrem verhärtet, beide sind auf Konfrontation eingestellt, die zuvor eher reduzierte Kommunikation findet gar nicht mehr statt. Es wird geschwiegen.

„Eskalation von Konflikten"

Was trägt dazu bei, dass Konflikte eskalieren?

Für das Konflikterleben sind von Bedeutung das Ausmaß an …

- gegenseitiger Abhängigkeit: Chef – Mitarbeiter – Situation
- subjektiver Betroffenheit: Was ist mir wichtig in meinem Wertesystem?
- vorhandenen Lösungsmöglichkeiten: Habe ich das Gefühl, eine Lösung wäre prinzipiell möglich?

## 11.7 Win-Win – streiten wie ein Delfin

„Streiten wie ein Delfin"

Wir haben schon darauf hingewiesen, dass Kooperation – und das gilt besonders auch bei Konflikten – die Zauberformel für Erfolg im zwischenmenschlichen Bereich darstellt. Konflikte können nur dann nachhaltig gut gelöst werden, wenn es keinen Verlierer gibt, sondern alle Beteiligten gehört und gewürdigt wurden. Ein schönes Bild für elegantes Konfliktverhalten zeigen die amerikanischen Autoren Dudley Lynch und Paul Kordis in ihrem Buch Delfin-Strategien (Lynch und Kordis 1992) auf.

Wir gehen in diesem Buch immer wieder der Frage nach, wie die älteren Gehirnregionen, also Stammhirn und das emotionale Erfahrungsgedächtnis mit dem kognitiven Großhirn optimal zusammenarbeiten können – der Delfin ist aus unserer Sicht ein passendes Bild, wie Sie sich elegant in den manchmal stürmischen Wellen von Konflikten bewegen können.

Was ist nun das besondere am Verhalten des Delfins? Hier kann uns ein Vergleich mit zwei anderen Schwimmern dienen: dem Hai und dem Karpfen.

In unserem Zusammenhang stehen der Karpfen und der Hai für die eingeschränkten Verhaltensweisen unserer „alten" Gehirnregionen: unsere automatisierten Schutzreaktionen

Kampf, Erstarren und Flucht. Stellen Sie sich einen Karpfen einmal bildlich vor: Mit großen Glupschaugen starrt er Sie an, eine Luftblase blubbert aus seinem Mund – aber sonst tut er nicht viel. Er beobachtet stumm oder ergreift höchstens noch die Flucht. Und der Hai? Ein Hai steht niemals still, ist immer in Bewegung und wenn man ihn provoziert, kennt er nur eine Reaktion: den Angriff, ohne Rücksicht auf Verluste. Was heißt dies nun auf den Menschen übertragen? Ganz einfach: Menschen, die der Karpfen-Strategie folgen, erstarren oder flüchten, wenn sie mit einer unangenehmen Situation konfrontiert werden. Während der Fisch einfach nur „froh" ist, der Gefahr entronnen zu sein und hinterher nicht über sein Verhalten nachdenkt, ärgern wir Menschen uns jedoch über unsere Reaktion, denn wir konnten uns wieder einmal nicht behaupten und wurden von unserem „Gegner" glatt niedergemacht. Menschen, die nach Hai-Art handeln, verhalten sich dagegen ganz anders: Sie wollen um jeden Preis einen persönlichen Gewinn herbeiführen – und das gelingt ihnen oft auch erst einmal. Allerdings nehmen sie dabei keine Rücksicht auf Verluste. Sie erreichen zwar ihr Ziel kurzfristig, ob dieses Verhalten auf Dauer erfolgreich und glücklich macht ist fraglich.

■ **Woran erkennt man Karpfen, Haie und Delfine?**

Kennen Sie Situationen mit Karpfen oder Hai? Im Kollegenkreis, im Privatleben? Sehr wahrscheinlich haben Sie auch schon Situationen erlebt, in denen Sie sich selbst bei Flucht oder Kampf wiedergefunden haben. Sowohl die Karpfen- als auch die Haistrategie sind in Gesprächen leicht zu erkennen: Ein Karpfen steigt aus einer Diskussion aus oder gibt nach. Sein Glaubenssatz ist: „Ich kann nicht gewinnen – aber ich will möglichst auch vermeiden, zu verlieren. Also diskutiere ich lieber gar nicht erst. Dahinter steckt die Strategie: „Get out: einfach raus hier und sich eine Nische suchen". Hier fühlt er sich in Sicherheit, dafür sitzt er aber in der Opferrolle in der Ecke und fühlt sich mies.

Haie dagegen sind „die mit den scharfen Zähnen" (Lynch und Kordes 1992, S. 20). Ihr Glaubenssatz ist: „Es muss einen Verlierer geben, und mir ist völlig egal, wer das ist – nur ich selbst darf natürlich nicht verlieren." Haie folgen der Strategie: „Take over: übernimm das Kommando – egal, was es kostet."

Wofür steht nun der Delfin? Delfine leben nach dem Winwin-Prinzip, sie wollen dass beide Gesprächspartner am Ende zufrieden sind. Ihr Glaubenssatz ist: „Es gibt elegante Lösungen, die die Interessen aller Beteiligten berücksichtigen und zufrieden stellen." Dabei sind Delfine keineswegs naiv, denn sie gehen nach der Strategie „Tit for tat – Wie du mir, so ich dir" vor. Und sie können durchaus auch einen kräftigen

Nasenstüber austeilen, wenn es nötig ist. Delfine signalisieren: „Ich kann sowohl – als auch agieren. Ich bin gerne bereit, zu kooperieren, aber nur wenn du mitziehst. An einer einseitigen Kooperation – allein zu meinen Lasten – bin ich nicht interessiert." Delfine bleiben immer am Ball, sie resignieren nicht, sondern handeln. Dabei suchen sie stets nach einer Lösung, die auch funktioniert. „Wenn sie nicht bekommen, was sie wollen, ändern sie ihre Verhaltensweisen im Streben nach ihren Zielen schnell und präzise auf eine manchmal geniale Weise." (Lynch und Kordes 1992, S. 21).

> **Das Symbol des Delfins steht für eine Form der Zusammenarbeit, bei der jedes einzelne Mitglied sowohl seine Individualität behält als auch seine Fähigkeiten optimal als Teil eines Ganzen einsetzt. Ob Sie es nun mit Kunden, Geschäftspartnern, Kollegen oder auch privaten Kontakten zu tun haben: Die Delfin-Strategie behält gleichzeitig die eigenen Wünsche und die Interessen des Gesamtsystems im Auge.**

Ziel der Delfin-Strategie ist ein gutes Ergebnis, eine für alle Seiten akzeptable Lösung – und dass wir uns dabei auch noch gut fühlen: Es geht also um eine Integration aller Gehirn-Potenziale. Vor allem das emotionale Erfahrungsgedächtnis und das kognitive Gehirn arbeiten dabei optimal zusammen. Kennzeichen der Delfin-Strategie:

1. Flexibilität:
   Hinterfragen Sie sich bei der Suche nach Lösungen ständig. Wenn Sie nicht bekommen, was sie wollen, so verändern Sie eben Ihre Vorgehensweise.
2. In-Frage-Stellen:
   Gehen Sie immer wieder in die Adler-Perspektive und betrachten Sie die eigene Strategie von oben (eine Meta-Position einnehmen).
3. Zähigkeit:
   Bleiben Sie hartnäckig und zeigen Sie viel Durchhaltevermögen. Delfine geben nicht leicht auf – es sei denn, sie erkennen einen Nutzen darin. Ziehen Sie auch diese Möglichkeit in Betracht.
4. Gewinnen:
   Konzentrieren Sie sich auf das Gewinnen – und achten Sie darauf, dass auch der andere einen Gewinn hat. Delfine gewinnen gerne, allerdings haben sie dabei nicht das Bedürfnis, dass ein anderer verliert.
5. Kooperation:
   Arbeiten Sie gut mit anderen zusammen – und vergessen Sie dabei Ihre Individualität nicht.

**11**  „Delfinstrategien in Konflikten"

6. Vision:
Erinnern Sie sich immer wieder an das „große Bild": Wo soll Ihr Weg hinführen? Wofür tun Sie etwas?
7. Eleganz:
Denken Sie nachhaltig. Achten Sie darauf, dass die Lösung für alle Beteiligten sinnvoll ist und dass alle damit zufrieden sind. Delfine lieben präzise, saubere und vor allem einfache – eben elegante – Lösungen.

**Selbstreflexion**

Wo würden Sie sich einordnen?
- Wann ergreife ich die Flucht (Fluchtreflex – Karpfen)?
- Wann beginne ich zu kämpfen (Kampfreflex – Hai)?
- Wie sind die Reaktionen meines Gegenübers? Wie kann ich damit umgehen?
- Welche Situationen habe ich in der „Delfin-Strategie" bewältigt?

Konflikte in der Zusammenarbeit
Zusammenfassend noch einige konkrete Tipps für die Erhöhung Ihrer Konfliktkompetenz auf der persönlichen Werteebene
- Wo sind Ihre Ausrastpunkte?
- Stecken Sie gerade in einem Tunnel? Dann wechseln Sie besser in die Vogelperspektive.
- Äußern Sie Ihren inneren Dialog gegenüber dem Gesprächspartner: „Das hat mich getroffen/irritiert/geärgert …"
- Stellen Sie sich das Bild eines innerlichen Schutzschildes vor.
- Verbalisieren Sie die Gefühle des Konfliktpartners („Sie wirken verärgert …")

Was Sie reflektieren, gleitet nicht so leicht aus den Händen.
In Unternehmen sind Konflikte ein Bestandteil des täglichen Arbeitens. Konflikte treten zwischen Kollegen auf, zwischen Abteilungen, zwischen Bereichen und sogar zwischen großen Unternehmen, wie wir tagtäglich aus der aktuellen Presse erfahren.
Bei beruflichen Auseinandersetzungen liegt die Kunst darin, um richtige Sachargumente zu ringen und gleichzeitig die emotionalen Bedürfnisse des Gesprächspartners zu berücksichtigen.
Grenzen von Konfliktlösung
Konflikte in der Arbeit, wie zum Beispiel Mobbing oder Bossing, sind keine Seltenheit. Für den einzelnen ist es wichtig, sich zu wehren, ein Mobbing-Tagebuch zu führen und sich so schnell wie möglich konkrete Unterstützung zu suchen, ob im Unternehmen (Betriebsrat, Personalabteilung) oder extern (Anwalt, Arzt). Derartige Konflikte sind nicht alleine lösbar.

„Grenzen von Konfliktlösung"

Konfliktgespräch: Anregungen für den Ablauf

- **1. Vorbereitung**
  - Werden Sie sich über folgende Fragen klar: Was wollen Sie? Was sind Ihre Erwartungen und Wünsche? Was sind Ihre Bedürfnisse?
  - Werden Sie sich über Ihre Position klar und überprüfen Sie Konsequenzen.
  - Wie wollen Sie Ihre Position vermitteln? Gehen Sie in folgendem Vierschritt vor: Interesse wecken, mitteilen, Kontext und Hintergrund erläutern, Verständnis überprüfen.
  - Schaffen Sie Klarheit über den bestehenden Konflikt.
  - Nennen Sie den Gesprächsanlass gleich zu Beginn.
  - Entscheiden Sie je nach Konfliktsituation vor einem gemeinsamen Gespräch, ob Sie mit den verschiedenen Parteien Einzelgespräche führen sollten.
  - Beschaffen Sie sich ausreichende Hintergrundinformationen.
  - Legen Sie einen Termin und Ort fest.

- **2. Durchführung**
  - Stellen Sie ein positives Gesprächsklima her.
  - Versuchen Sie herauszufinden: Was will der andere? Was ist sein Anliegen, sein Interesse? Welche Ideen hat er?
  - Zuhören, Nachfragen, Spiegeln – Überprüfen Sie Ihre eigene Interpretation.
  - Stellen Sie den offenen Konflikt fest.
  - Appellieren Sie an eine vernünftige Gesprächsführung: Schlagen Sie vor, Win-win-Lösungen zu suchen, Argumente und Verhandlungspositionen auszutauschen. Suchen Sie einen gemeinsamen Nenner, halten Sie das Ergebnis fest und vereinbaren Sie ggf. eine Testphase.
  - Zeigen Sie Probleme auf, die mit dem Konflikt verbunden sind.
  - Fragen Sie die Beteiligten nach einer Stellungnahme. Klären Sie zusätzlich aufgeworfene Fragen.
  - Fassen Sie die Stellungnahmen der Parteien zusammen.
  - Sorgen Sie für die Aufklärung von Missverständnissen.
  - Fordern Sie alle zu mehr Offenheit in der Zukunft auf.
  - Halten Sie verbindliche Lösungsvorschläge fest.

- **3. Nachbereitung**
  - Setzen Sie die erarbeiteten Lösungswege zuverlässig um; Sie erwarten auch von den anderen Beteiligten, dass Sie an den verbindlich festgelegten Lösungen arbeiten.
  - Vereinbaren Sie ggf. einen Follow-up-Termin.

Regeln für ein konstruktives Konfliktgespräch
- persönliche Einstellung überprüfen
- Termin vereinbaren

- Raum/Zeit des Gesprächs wählen
- angenehme Atmosphäre schaffen
- Blickkontakt
- Regeln für das Konfliktgespräch klären, (z. B. Verbindlichkeit, jeder darf ohne Störung reden …)
- Bewusstsein über eigene Filter
- Filter des anderen erkennen und verstehen, verschiedene Sichtweisen der Landkarten dürfen nebeneinander bestehen („we agree to disagree", ein schöner Spruch im Englischen – auf Deutsch: „Wir stimmen überein, dass wir nicht übereinstimmen.")
- Bewusstheit über eigene Gefühle und Beziehungen
- Befindlichkeiten (Gefühle) austauschen, Beschreiben der eigenen Gefühle, statt anzuklagen
- offen und authentisch bleiben
- Ross und Reiter nennen, das Problem auf den Tisch legen, so konkret wie möglich
- Eine gemeinsame Problemsicht entwickeln, aber nicht zu schnell sich mit zukünftigen Verhaltensweisungen und schnellen Lösungen sein. Sich Zeit nehmen ist wichtig!
- Ich-Botschaften, über sich selbst reden, statt den anderen beschuldigen, abwerten
- abholen – mit Widerstand elastisch umgehen durch aktives Zuhören: Die Bedürfnisse, die Interessen und Gefühle heraushören
- Interesse zeigen (Wertschätzung)
- Klare Vereinbarungen treffen, die überprüfbar und mit Konsequenzen verbunden sind
- Bedürfnisse, Wünsche, Sorgen, Ängste etc. herausarbeiten und explizit verstehbar machen
- verdeckte oder unbewusste Anliegen klar machen, würdigen, berücksichtigen
- Alternativen entwickeln
- zu einem ausgleichenden Austausch einladen und gleichwertige Zugeständnisse machen („Tauschhandel")

Konstruktives Konfliktmanagement sollte die Aufmerksamkeit eher auf die unterschiedlichen Interessen der Beteiligten richten statt auf Positionen und „Sachzwänge", „Richtig-Falsch-Argumentationen" und normative Argumente („alle rational Denkenden sehen das so …").

### Mein ganz persönlicher Umgang mit Konflikten

- Erinnern Sie sich an Episoden mit ihren Eltern und anderen Autoritätspersonen. Überprüfen Sie Ihre damaligen Reaktionsweisen: Was haben Sie getan, nicht getan, oder was wollten Sie tun, haben sich aber nicht getraut?

- Was haben Ihre Eltern Ihnen im Hinblick auf Streit und Konflikt vermittelt und vorgelebt?
- Wie war und ist die Streitkultur in Ihrer (Ursprungs-) Familie? Wie wird/wurde mit Konflikten umgegangen?
- Wo haben Sie Konflikte in Ihrem beruflichen Umfeld erlebt? Oder erleben Sie sie heute? Wie haben Sie darauf reagiert? Was waren Ihre inneren Reaktionen/Gefühle?

## Fazit

Konflikte werden von den Beteiligten und ihrer Umwelt häufig als Problem und Zeichen für schwerwiegende Defizite gesehen. Sie können aber auch als wertvolle Informationen verstanden werden: Sie zeigen, dass es Unterschiede gibt, die als wichtig erlebt werden und die eine Weiterentwicklung ermöglichen. Sie beinhalten also auch große Chancen und können eine Bereicherung für das Gesamtsystem sein, wobei folgende Punkte hilfreich sein können:

- Wenn Konflikte zu eskalieren drohen: Sensibilisieren Sie sich dafür, zu erkennen, wann Sie sich angegriffen fühlen. Dadurch vermeiden Sie, dass Sie unangemessen, weil automatisch reagieren.
- Wenn unterschiedliche Wertesysteme und Einstellungen die Spannungen verstärken: Atmen Sie tief durch, beobachten Sie achtsam, was gerade in Ihnen und den beteiligten Personen abläuft.
- Wenn Sie verbal attackiert werden: Setzen Sie eine klare Grenze, heben Sie Ihr „Stopp-Schild", und versuchen Sie herauszuarbeiten, warum Ihr Gesprächspartner Sie attackiert.
- Wenn Ihr Gesprächspartner nicht auf Ihre Argumente eingeht: Fordern Sie einen wirklichen Austausch ein und plädieren Sie für Win-Win-Lösungen.
- Wenn Sie jemand „über den Tisch ziehen" will: Nutzen Sie das Judo-Verhandeln (s. ▶ Abschn. 10.4), indem Sie die negative Energie Ihres Gesprächspartners elegant auf ihn selber zurücklenken.
- Wenn Ihr Gegenüber Killerphrasen (s. ▶ Abschn. 11.2) verwendet: Reagieren Sie darauf mit Fragen, Ich-Aussagen, aktivem Zuhören und Nutzen-Argumentation.
- Wenn Sie innerlich unsicher sind: Identifizieren Sie Ihre persönlichen inneren Antreiber und lernen Sie, diese zu lenken bzw. setzen Sie ihnen „Erlauber" entgegen (s. ▶ Abschn. 4.1).

# Literatur

Albert T (2007) Argumentieren unter Stress, wie man unfaire Angriffe erfolgreich abwehrt. dtv, München, S 136

Baumann-Habersack (2017) Mit neuer Autorität in Führung. Springer Gabler, WiesbadenDuden, Rechtschreibduden 2004

Duden, Rechtschreibduden 2004

Frei nach Shakespeare, engl. Dichter und Dramatiker (1564–1616)

Glasl F (2004) Konfliktmanagement. In: Haupt P (Hrsg) Ein Handbuch für Führungskräfte, Beraterinnen und Berater, 8. aktualisierte und ergänzte Aufl. Freies Geistesleben und Haupt, Stuttgart, S 236–237 (Die 9 Stufen der Konflikteskalation)

Lynch D, Kordes P (1992) Delphin-Strategien ManagementStrategien in chaotischen Systemen, 2. Aufl. PAIDA Verlag, S 20 ff

Schulz R (2015) Toolbox zur Konfliktlösung, Konflikte schnell erkennen und erfolgreichBewältigen. Stark Verlag, Hallbergmoos

Talmud in der Sammlung der Gesetze und Überlieferungen des Judentums

# „Von Powerburgern und No-Go´s"



© Springer-Verlag GmbH Deutschland, ein Teil von Springer Nature 2019
C. Lehner, S. Weihe, *Zwischen Achtsamkeit und Pragmatismus*,
https://doi.org/10.1007/978-3-662-58915-1_12

Feedback geben heißt:

- ….positive Wertschätzung für unterschiedliche Dinge rückmelden wie Energie und Freude, die jemand einbringt, gute Teamarbeit, Mut, das Meistern einer schwierigen/ herausfordernden Situation …
- …die Regeln für kritisches Feedback konkret in Formulierungen umsetzen können, z. B. in Form des sogenannten „Powerburgers" – Einstieg, Wahrnehmung/ Wirkung/Wunsch – Ausstieg/allgemeine Nutzenformulierung

**»** „Optimal kommunizieren heißt: Rückkopplung vornehmen."
(Zitat nach Birkenbihl)

Feedback-Geben (=Rückkopplung) bedeutet, dass Sie jemandem mitteilen, wie er auf Sie oder andere wirkt oder wie Sie seine Leistung einschätzen. Ob in der beruflichen Zusammenarbeit oder im Privatleben – Feedback ist eines der wichtigsten und sensibelsten Elemente gelungener Kommunikation. Auch bei diesem Thema geht es sowohl um die innere Haltung als auch um konkretes Handwerkszeug

Beispiele für Wertschätzung

- **Was kann man nicht alles wertschätzen:**
- Energie und Freude, die jemand einbringt
- Gute Teamarbeit
- Mut, eine kontroverse Meinung zu äußern (hilft Klarheit zu gewinnen; zeigt, dass die Person innerlich dabei ist)
- Das Meistern einer schwierigen/herausfordernden Situation
- „Da sein", Präsenz (bei Personen, die neu im Berufsfeld sind, sich noch einarbeiten und noch nicht mit Kompetenz glänzen können)
- Genauigkeit, Pünktlichkeit, Zuverlässigkeit, Unterstützung etc.
- Vollständige und ansprechend aufbereitete Unterlagen
- Das Einhalten der „Spielregeln" in einem Projekt/Meeting (z. B. Vertraulichkeit, ausreden lassen)

Zwei Schritte zur authentischen/echten Anerkennung
1. Vorüberlegung
   Was hat mein Mitarbeiter/Kollege/Chef getan oder gelassen, was für ihn (und nicht nur für mich) ganz individuell eine Leistung ist?
2. Anerkennung aussprechen und Dank sagen
   Dabei soll verbalisiert werden:
   - Was habe ich beobachtet?
   - Was bedeutet es für mich? Welches Anliegen oder Bedürfnis von mir wurde dadurch erfüllt?

In vielen Büchern, Seminaren und Artikeln werden gewisse Regeln vorgestellt, die Sie bei einem Feedback beachten sollten. Es schreibt sich und liest sich immer sehr einfach auf den Flipcharts, wenn wir diese Regeln in Seminaren vorstellen. In den anschließenden praktischen Übungen der Teilnehmer wird dann jedoch deutlich, dass es gar nicht zu einfach ist, jemandem Rückmeldung zu geben. Warum ist das so?

Regeln für Feedback

Wer will schon (wenn auch höflich) kritisiert werden … Auch wenn unser Großhirn gelernt hat: „Nimm es nicht persönlich" – das Gefühlshirn hat, wie wir mehrfach gesehen haben, sein Eigenleben. Es braucht ganz viel Fingerspitzengefühl, wenn Sie beispielsweise einem Kollegen höflich mitteilen, dass Sie mit seinem Auftreten in der durchgeführten Präsentation nicht einverstanden sind. Oder die grundsätzlich leicht vorwurfsvolle Art und Weise anzusprechen, mit der Ihnen im Arbeits- oder Berufsleben eine andere Person begegnet. Es lohnt sich also, sich das absolute „No-Go" bei eher kritischen Äußerungen immer wieder einmal in Erinnerung zu rufen:

*Niemals* kritische Rückmeldung öffentlich, ironisch, persönlich, strafend, laut äußern. Das ist eigentlich selbstverständlich – doch wie oft wird dies im Alltag nicht beherzigt, denn auch beim Feedback-Geber mischt das Gefühlshirn häufig kräftig mit.

(Thiele 2007)

Doch auch beim positiven Feedback läuft es nicht immer so glatt. Die häufigsten Fehler sind:

- Wertschätzung wird nicht ausgesprochen („Nicht geschimpft ist genug gelobt …").

In den vielen Jahren unserer Tätigkeit als Coach und Beraterinnen ist der Satz, den wir wohl mit am häufigsten gehört haben: „ich bekomme zu wenig Anerkennung". Egal ob Vorgesetzter, Kollegin oder Familienmitglied: Wir gehen oft davon aus, der andere weiß schon, was ich an ihm oder ihr schätze.

- Anerkennung wird zwar ausgesprochen, kommt jedoch nicht richtig an.
- Anerkennung kommt nicht von Herzen und wird „pseudomäßig" verteilt.

„Gute Arbeit" – klar, hört sich erst einmal positiv an. Aber: Anerkennung „mit der Gießkanne" ist oft nicht differenziert genug, die Wirkung verpufft schnell.

## 12.1  Feedback-Regeln

Feedback – ob positiv oder kritisch – ist nur dann wirksam, wenn Folgendes beachtet wird:

#### ▪ 1. Klare und konkrete Information

Nichts vage umschreiben, sondern den anderen wirklich wissen lassen, worauf Sie sich beziehen. Das gilt auch bei positivem Feedback, es wird sonst leicht als nichtssagendes Bauchpinseln erlebt.

*Beispiel:*
Vage Umschreibung: „Dieses Jahr haben Sie gut verkauft."
Konkret: „Unter Ihrem Einfluss stieg der Verkauf in diesem Jahr um 25 %."

#### ▪ 2. Beschreiben, nicht bewerten

Die Grundeinstellung von Feedback geht dahin, das Verhalten des Anderen zu beschreiben und nicht zu bewerten. Bewertungen führen meist dazu, dass der Gesprächspartner sich gleich verteidigt und das Feedback nicht akzeptiert. Vermeidbare bewertende Aussagen finden sich beispielsweise in ungenauen, allgemeinen Behauptungen wie der Folgenden:

*Beispiel:*
Bewertend: „Diese Sitzung haben Sie schlecht geleitet."
Beschreibend: „Die Sitzung heute verlief nicht so, wie sie sollte. Sie haben Herrn Johann unterbrochen, so dass er aus dem Konzept kam und zu stottern begann."

Sinnvolles Feedback geben

#### ▪ 3. Der richtige Zeitpunkt ist wichtig

Es ist nicht sinnvoll, alte Rechnungen nach Jahren begleichen zu wollen. Die Tatsache, dass jemand Sie früher einmal geärgert hat, hilft demjenigen nicht, sein Verhalten jetzt zu verändern. Je weniger Zeit zwischen dem betreffenden Ereignis und Ihrem Feedback verstreicht, desto mehr Lerneffekte können Sie erreichen und desto eher wird der andere sein Verhalten ändern.

*Beispiel für zu spätes Feedback:*
„Letztes Jahr haben Sie bei den Budgetzahlen gemogelt! Das steht in Ihrer Personalakte und wird auch darin bleiben!"

*Beispiel für kürzliches Ereignis:*
„Als ich heute die Budgets durchgesehen habe, musste ich einen wichtigen Fehler zur Kenntis nehmen. Das kommt bei

Ihnen nicht zum ersten Mal vor. Langsam werden Sie in der Firma dafür bekannt, dass Sie diese Sache nur oberflächlich behandeln."

*Beispiel für sofortiges Feedback (hier und jetzt):*
„Ich habe den Eindruck, dass Sie auf meinen Verbesserungsvorschlag defensiv reagieren und ihn zurückweisen. Was soll ich Ihrer Meinung nach tun, um Ihnen zu helfen?"
Die Beispiele zeigen, dass das sofortige „Hier-und-Jetzt"-Feedback die meisten Möglichkeiten zu einer Verhaltenskorrektur bietet. Es ist das wirksamste Instrument in der Kommunikation, gerade wenn es heikel ist.

- **4. Feedback dort geben, wo (Ver-)Änderung möglich ist**

Es hat keinen Sinn, jemanden dafür zu kritisieren, dass die Person relativ klein auf der Bühne wirkt. Daran kann er oder sie nichts ändern. Die praktische Umsetzungsmöglichkeit fehlt, und der Angesprochene wird eher mit Aggression oder Resignation reagieren. Konzentrieren Sie Ihr Feedback auf Dinge, die auf **der konkreten Verhaltensebene** veränderbar sind.

- **5. Feedback annehmen**

Feedback kann auch als ein „Geschenk" verstanden werden – wenn Sie in die Lage kommen, Feedback annehmen zu dürfen, dann beachten Sie folgende Tipps:
- Erst einmal zuhören, nur zuhören!
- Stellen Sie klärende Fragen, oder lassen Sie sich Verhaltensbeispiele nennen, wenn Ihnen das Feedback zu unspezifisch oder zu wenig verhaltensorientiert erscheint.
- Bedanken Sie sich für das Feedback, das Ihnen hilft, in Zukunft effizienter zu sein.
- Überlegen Sie genau, wie Sie den meisten Nutzen aus diesem Feedback gewinnen.
- Und schließlich: **„Ziehen Sie sich nicht jeden Schuh an"**, d. h. entscheiden Sie bewusst, welche Rückmeldung für Sie wirklich nutzbringend ist und wo es wichtig ist, sich klar abzugrenzen.

## 12.2 Der „Powerburger" – Modell zur Vorgehensweise für kritisches Feedback

Sehr hilfreich beim Feedback geben ist die Vorstellung eines sogenannten „Powerburgers".

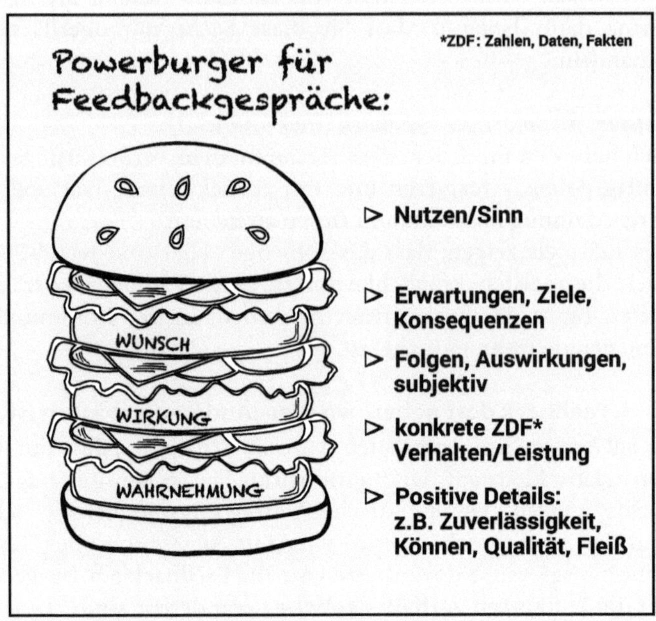


Hier ein Beispiel für die Anwendung des Powerburgers-Burgers in einem Gespräch:

Zu Beginn als Einstieg positive Details benennen, die authentisch und ehrlich gemeint sind. Also statt „So geht's nicht weiter, Meier! Ihre Präsentationen sind immer wieder katastrophal!" lieber erst einmal ein positiver

**▪ Einstieg:**

„Gut finde ich Ihr Engagement und Ihren Mut, zu diesem schwierigen Thema Stellung zu beziehen. Insbesondere die elegante Einleitung und der Appell am Schluss waren sehr überzeugend!"

**▪ 1. Schicht: Wahrnehmung schildern**

Dann die konkrete Wahrnehmung durch Sie selbst und die Wirkung auf andere konkret schildern, unbedingt in Form einer Ich-Botschaft. Der Inhalt der Wahrnehmung liegt **ausschließlich auf der Verhaltensebene:**

„Beim Mittelteil der Präsentation ist mir aufgefallen, dass viele Zuschauer sehr irritiert auf Ihre Flipcharts geschaut haben. Auch ich konnte Ihre Charts nur zum Teil lesen."

- **2. Schicht: persönliche (subjektive) Wirkung**

Dann die persönliche Wirkung schildern, ebenfalls als Ich-Botschaft:

„Das hat auf mich nervös gewirkt und ich wurde ganz kribbelig."

- **3. Schicht: Wunsch/Wünsche**

Nun noch konkrete Wünsche benennen, um den erwünschten Ich-Zustand zu beschreiben:

„Ich würde mir in der nächsten Präsentation eine bessere Schrift und mehr Visualisierung der komplexen Informationen wünschen. Vielleicht kann Sie dabei Herr/Frau xyz unterstützen."

- **Deckel**

Und zum Abschluss den „Deckel aufs Sandwich" – etwas Positives und Motivierendes zum Abschluss:

„Im Vergleich zu früheren Präsentationen, die ich von Ihnen gesehen habe, sind Sie insgesamt deutlich sicherer geworden. Weiter so!"

Kritisieren, ohne anzugreifen

- Warten Sie nicht zu lange mit Kritik, sonst staut sich zu viel an.

*So nicht:*

„Du hast mich nicht über den Gesundheitszustand von Herrn M. informiert. Das ist jetzt schon zum fünften Mal passiert, das geht einfach zu weit!"

*So geht's besser:*

Sprechen Sie immer nur EIN konkretes Thema oder EINEN konkreten Vorfall an:

„Ich bin gar nicht informiert, dass es Herrn M. schlechter geht. Können wir darüber einmal reden?"

- Drücken Sie Kritik nicht pauschal aus („immer", „nie", „andauernd" …)

*So nicht:*

„Immer haust du ab, wenn ich mit dir reden will."

*So geht's besser:*

Beschreiben Sie präzise und genau, was Sie im Einzelnen stört:

„Gestern wollte ich mit dir reden, da hattest du keine Zeit. Heute Morgen habe ich es wieder versucht, und es hat auch wieder nicht geklappt. Das stört mich."

- Stellen Sie eigene Vermutungen und Interpretationen nicht als Fakten dar, sondern machen Sie sie als solche auch deutlich.

*So nicht:*
„Dir liegt gar nichts daran, mit mir gut zusammenzuarbeiten."
*So geht's besser:*
„Ich habe den Eindruck, dass du wenig Interesse an einer gemeinsamen Zusammenarbeit hast. Ist das richtig?"

– Drücken Sie Gefühle nicht in Form eines Angriffs oder Vorwurfs aus.
*So nicht:*
„Du bist ja total unzuverlässig. Und ich hab gedacht, ich kann mich auf dich verlassen!"
*So geht's besser:*
Machen Sie Ihre Enttäuschung, Verletzung oder Ihren Ärger deutlich. Sprechen Sie dabei in der Ich-Form:
„Ich bin fest davon ausgegangen, dass du dich darum kümmerst. Ich bin enttäuscht darüber, dass du unsere Absprache nicht eingehalten hast."

Besonders wichtig bei der konstruktiven Rückmeldung ist es, selbst als Feedbackgeber in einer möglichst ruhigen Verfassung zu sein und den inneren Beobachter bewusst zu aktivieren. Dies hilft, nicht der Gefahr zu erliegen, in eine gegenseitige Vorwurfsschleife, eine Abwehrdiskussion und ein beidseitiges Gekränktsein einzusteigen.

## Literatur

Thiele A (2007) Argumentieren unter Stress. dtv, München

# Fazit

## Inhaltsverzeichnis

# Dem Gehenden schiebt sich der Weg unter die Füße

**Literatur – 137**

**»** „Man muss nur den ersten Schritt tun. Mehr als den nächsten Schritt kann man überhaupt nicht tun. Der nächste Schritt ist nämlich immer fällig. Der nächste Schritt ist nämlich nie ein großes Problem. Man weiß ihn genau. Eine andere Sache ist, dass er gefährlich werden kann. Nicht sehr gefährlich. Aber ein bisschen gefährlich kann auch der fällige nächste Schritt werden. Aber wenn du ihn tust, wirst du dadurch, dass du erlebst, wie du ihn dir zugetraut hast, auch Mut gewinnen. Während du ihn tust, brichst du nicht zusammen, sondern du fühlst dich gestärkt. Gerade das Erlebnis, dass du einen Schritt tust, den du dir nicht zugetraut hast, gibt dir ein Gefühl von Stärke. Es gibt nicht nur die Gefahr, dass du zu viel riskierst, es gibt auch die Gefahr, dass du zu wenig riskierst. Dem Gehenden schiebt sich der Weg unter die Füße." (Martin Walser, aus: Jenseits der Liebe)

Bislang wurden in unseren Schul- und Ausbildungssystemen kaum konkrete Anleitungen vermittelt, die helfen, mit den neuen Anforderungen dieser bewegten Zeiten umzugehen, auch nicht mit jenen im späteren Berufsalltag. Gerade deshalb ist es so wichtig, die eigenen Ressourcen zu stärken, mit denen wir herausfordernde Situationen bewältigen können.

Der Führungskräfte-Coach und Unternehmensentwickler Frederic Laloux benennt als Kernkompetenzen von Menschen in zukunftsorientierten Organisationen u. a. (Laloux 2015)

- Innere Stimmigkeit als Maßstab für unsere Entscheidungsfindung:
  Bin ich authentisch, mir selbst treu?
- Auf Stärken aufbauen: das eigene Potenzial entfalten (statt sich auf Defizite zu konzentrieren)
- Angemessener Umgang mit Widrigkeiten – sie als Chance für persönliches Wachstum nutzen (statt mit dem Schicksal zu hadern)

Wir hoffen, Ihnen für diese Kernkompetenzen wertvolle Anregungen und interessante Impulse verbunden mit konkreten Handlungsempfehlungen zum Ausprobieren gegeben zu haben, die Sie im Wirkungsgeflecht der persönlichen und beruflichen Kommunikation inspirieren. Vielen Dank, dass Sie sich mit uns auf diese „Reise" in die eigene Innenwelt, Gesprächskultur und Beziehungsgestaltung begeben haben.

Hier noch einmal als Überblick die Säulen, an denen wir uns für den Aufbau unseres Buches orientiert haben:

Grafik: Überblick

**Überblick souveräner reagieren und handeln
3 Säulen**

| Säule 1:<br>**Persönlichkeit:** | Säule 2:<br>**Kommunikation** | Säule 3:<br>**Beziehungsgestaltung** |
|---|---|---|
| ✓ Selbststeuerung<br>durch Achtsamkeit<br><br>✓ Kraftquellen<br><br>✓ Sinn und Werte<br><br>✓ Innere Anteile | ✓ Wertschätzung<br>als Grundhaltung<br><br>✓ Kommunikations-<br>Modelle<br><br>✓ Kommunikations-<br>Werkzeuge | ✓ Win-Win<br><br>✓ Feedback<br><br>✓ Grenzen wahren<br><br>✓ Mut zu Konflikten |

# Literatur

Frederic L (2015) Reinventing organizations. Vahlen, München

# Serviceteil

Stichwortverzeichnis – 141

# Stichwortverzeichnis